Wolfgang Huber
Der gemachte Mensch

Wolfgang Huber

Der gemachte Mensch

Christlicher Glaube und Biotechnik

Wichern-Verlag

Deutsche Bibliothek – CIP-Einheitsaufnahme

Huber, Wolfgang:
Der gemachte Mensch : christlicher Glaube und Biotechnik /
Wolfgang Huber. – Berlin : Wichern-Verl., 2002
ISBN 3-88981-131-0

Wolfgang Huber, geboren 1942, seit 1994 Bischof der Evangelischen
Kirche in Berlin-Brandenburg; Mitglied im Rat der Evangelischen
Kirche in Deutschland und im Nationalen Ethikrat; Honorarprofes-
sor für Systematische Theologie (Ethik) in Berlin und Heidelberg.

© Wichern-Verlag GmbH, Berlin 2002
Foto Umschlag: creativ collection
Foto Autor: Elke Petra Thonke
Satz: Schreibservice Nagel, Reutlingen
Druck: Druckzone GmbH & Co.KG, Cottbus
Buchbinderei: Stein + Lehmann GmbH, Berlin
ISBN 3-88981-131-0

Inhalt

Jenseits des Rubikon?

1.

Glücklich war das Ehepaar verheiratet, aber leider über Jahre ohne Kinder. Dass Kinder erhofft wurden, war deutlich, auch wenn im Freundeskreis darüber kaum gesprochen wurde. Aber über Jahr und Tag blieben sie aus. Eines Tages wurden sie geboren, gleich drei an der Zahl. Ich habe nicht danach gefragt, ob die neuen Möglichkeiten der Reproduktionsmedizin dabei geholfen hatten. Mit den Eltern habe ich mich über die Kinder gefreut, ihr Heranwachsen mitverfolgt, so weit ich das konnte. Das Glück der Eltern wie der Kinder war ein Gottesgeschenk. Für mich ist das ein einprägsames Beispiel für den möglichen Segen, der von den heutigen Formen der Reproduktionsmedizin ausgehen kann. Ich habe das Bild dieser Familie immer vor Augen, wenn von der In-vitro-Fertilisation die Rede ist – der Befruchtung im Reagenzglas, in der Petri-Schale.

Damit, dass in Deutschland vor fünfundzwanzig Jahren die künstliche Reproduktion zugelassen wurde, habe man den Rubikon überschritten, sagt inzwischen die Deutsche Forschungsgemeinschaft, eine der wichtigsten Forschungsorganisationen in Deutschland.

Das ist nicht gerade ein sehr friedliches Bild. Als Gaius Iulius Caesar am 11. Januar des Jahres 49 v. Chr. den kleinen Fluss Rubikon in Oberitalien überschritt, ließ er damit zugleich die Grenze zwischen seiner Provinz Gallia Cisalpina und Italien hinter sich. Der Bürgerkrieg gegen Pompeius entbrannte, der Caesar schließlich zum Diktator werden ließ. Dieses Flüsschen, das südlich von Ravenna in die Adria fließt, verwendet man als Symbol für eine folgenschwere Entscheidung, für einen Schritt, der sich nicht mehr zurücknehmen lässt.

Eine solche Rubikon-Entscheidung sieht die Deutsche Forschungsgemeinschaft in der Zulassung der In-vitro-Fertilisation. Nachdem sie eingeführt sei, könne man den nächsten Schritt nicht verweigern; nun müsse man auch die Forschung an menschlichen Stammzellen zulassen, die aus „überzähligen" Embryonen gewonnen wurden. Denn unweigerlich bleiben bei der In-vitro-Fertilisation Embryonen übrig. Zwar soll das nach dem deutschen Embryonenschutzgesetz von 1990 nicht geschehen. Pro Zyklus dürfen vielmehr höchstens drei Eizellen befruchtet werden; alle drei müssen der Mutter implantiert werden. Trotzdem ist nicht auszuschließen, dass Embryonen zurückbleiben. Sie sind beispielsweise verwaist, weil die Mutter zwischen Befruchtung und geplanter Implantation starb, erkrankte oder plötzlich die Implantation ablehnte. Dadurch lagern in den Kühlschränken der deutschen Reproduktionsmediziner vermutlich einige Dutzend „überzählige" Embryonen. Und wer will genau wissen, wie groß die Zahl der Präembryonen im Vorkernstadium – vor der vollständigen Verschmelzung – ist, die man eingefroren hat, weil sie noch nicht durch die Regeln des Embryonenschutzgesetzes geschützt werden?

Noch in einem anderen Sinn haben wir mit der In-vitro-Fertilisation tatsächlich einen Rubikon überschritten, wie die Stellungnahme der Deutschen Forschungsgemeinschaft vom 3. Mai 2001 sagt. Denn dadurch wurde der Embryo vor der Implantation überhaupt zum Objekt menschlichen Handelns. Seitdem erst stellt sich die Frage, ob wir in diesem Embryo mehr sehen als eine Sache, mehr als eine Ware, die wir nach Gutdünken prüfen und je nach Ergebnis wählen oder verwerfen. Aber kann man wirklich sagen, mit der Möglichkeit der In-vitro-Fertilisation selbst hätten wir uns bereits dafür entschieden, den menschlichen Embryo einfach als „Sache" zu behandeln, über die wir nach Belieben verfügen können?

Dass sich neuartige Fragen stellen, weil durch die neuen Möglichkeiten der Reproduktionsmedizin Embryonen „verfügbar" geworden sind, lässt sich nicht bestreiten. Hat das Rückwirkungen auf die Einschätzung der In-vitro-Fertilisation selbst? Die Kirchen haben früh von diesem Schritt abgeraten. Auch die evangelische Kirche war und ist der Auffassung, dass auf den Wunsch nach eigenen Kindern bei anhaltender Unfruchtbarkeit der Eltern andere Antworten möglich sind und Vorrang haben sollten. Die Adoption und die bleibende Kinderlosigkeit sollten nicht als mögliche Wege ausgeschlossen werden. Davor, die Kinderlosigkeit zu pathologisieren und in jedem Fall für therapiebedürftig zu erklären, sollte man sich hüten. Die Tatsache, dass die In-vitro-Fertilisation inzwischen weithin als „Mittel der Wahl" gilt, zeigt, wie notwendig solche Warnungen sind.

Aber haben wir zu einer Veränderung unseres Verhaltens überhaupt die Kraft? Sind Entscheidungen über die Nutzung neuer wissenschaftlicher Möglichkeiten umkehrbar? Wenn die Rede von einer Ethik der Verantwortung überhaupt einen Sinn haben soll, muss auch eine solche Umkehr als möglich gelten. Auch in der Nutzung technischer Möglichkeiten sind Revisionen nicht ausgeschlossen, wie aktuelle Entscheidungen zur Kernenergie zeigen. Niemand fordert derzeit ein gesetzliches Verbot der In-vitro-Fertilisation. Und nach wie vor werden Kinder, die auf diesem Wege zur Welt gekommen sind, das Glück ihrer Eltern sein und als Gottesgeschenk aufgenommen werden. Trotzdem hat der Rat seinen guten Sinn, anderen Antworten auf die Erfahrung von Kinderlosigkeit den Vorrang zu geben.

Aber auch unabhängig davon wäre es eine Abdankung der ethischen Verantwortung, wenn man in der Zulassung der Präimplantationsdiagnostik oder der embryonalen Stammzellenforschung zwangsläufige Folgerungen aus der Praxis der In-vitro-Fertilisation sehen würde. Verantwortung muss vielmehr auf jeder Stufe einer solchen Entwicklung neu wahrgenommen werden; der Unterscheidung zwischen dem, was man tun kann, und dem, was man tun darf, kann man sich auf keiner Entwicklungsstufe entziehen.

2.

Eindringlich sprach mein Gegenüber auf mich ein. Als erstes Kind der Familie war ein behinderter Junge zur Welt gekommen. Sollten die Eltern den Mut zu einem weiteren Kind aufbringen? Die Ärzte verwiesen auf die Möglichkeiten der Pränataldiagnostik. Die Eltern könnten eine Schwangerschaft wagen, sagten sie, eine Schwangerschaft auf Probe sozusagen. Sie könnten dann durch Pränataldiagnostik feststellen lassen, ob die Behinderung sich wiederhole und dem Ergebnis entsprechend über einen Schwangerschaftsabbruch entscheiden. Die Eltern waren davon überzeugt, dass sie für ein weiteres behindertes Kind nicht die Verantwortung übernehmen könnten; schon das eine Kind, das ihre Liebe und Fürsorge so stark in Anspruch nahm, belastete sie sehr. Aber sie folgten dem Rat der Ärzte. Die Pränataldiagnose erbrachte keinen beunruhigenden Befund. Als zweites Kind wurde ein gesunder Junge geboren. „Ohne

Pränataldiagnose", so beschwor mich der Vater, „hätten wir nie ein zweites Kind bekommen".

Ärztinnen und Ärzte können viele vergleichbare Geschichten erzählen. Sie weisen auch darauf hin, dass die Schwangerschaft in weit mehr als neunzig Prozent der Fälle, in denen die Pränataldiagnose eingesetzt wird, fortgesetzt wird. Und doch wächst die Beunruhigung: Inzwischen gilt die Pränataldiagnose vielen Ärzten als normaler Bestandteil der medizinischen Schwangerschaftsvorsorge. Und vielen Eltern schlägt die Erwartung entgegen, dass sie sich diesem Teil der Vorsorge nicht verweigern und die Konsequenzen ziehen, wenn eine gesundheitliche Beeinträchtigung festgestellt wird. Soll man denn der Gesellschaft – und auch sich selbst – ein behindertes Kind zumuten?

Nun steht möglicherweise ein nächster Schritt bevor – die Präimplantationsdiagnostik. Die Medizin traut sich zu, bei künstlich erzeugten Embryonen schon vor der Implantation, also am vierten Tag nach der Befruchtung, festzustellen, ob schwere genetische Beeinträchtigungen vorliegen. Eltern, die erblich belastet sind und zur Erfüllung ihres Kinderwunsches auf die künstliche Befruchtung angewiesen sind, können auf diese Weise schon zu einem ganz frühen Zeitpunkt eine befürchtete Behinderung ausschließen oder eben auf eine Implantation verzichten.

Ist dieser Weg nicht besser, so wird gefragt, als wenn man auf eine Implantation im Fall einer pränatal festgestellten Behinderung einen Schwangerschaftsabbruch folgen lässt? Aber in welchen Fällen soll diese Möglichkeit eingesetzt werden? Führt sie nicht unweigerlich zu einer Wahl zwischen „lebenswertem" und „lebensunwertem" Leben – also zu einer eugenischen Selektion? Was bedeutet es für unsere Einstellung zu den Lebensrechten von Behinderten, wenn wir einen solchen Weg einschlagen?

3.

Die alte Dame, die neben mir saß, berichtete vom Schicksal ihrer inzwischen schon längst erwachsenen Tochter. Sie leidet unter Multipler Sklerose, einer schmerzhaften, im wahrsten Sinn des Wortes lähmenden, scheinbar unaufhaltsamen Krankheit. Es war zu spüren, wie nicht nur die Biographie der Tochter, sondern das Leben und der

Zusammenhalt der ganzen Familie durch diese Erkrankung tief verändert worden war. Selbst der Kontakt zwischen Mutter und Tochter war durch die Krankheit sehr belastet, die beide als einen heimtückischen Eingriff in ihr Leben empfanden. Wie ein rettender Strohhalm erschien der Mutter die Möglichkeit, es könne durch die Forschung an embryonalen Stammzellen ein Medikament gegen die Krankheit ihrer Tochter gefunden werden. Das sei bisher nur eine sehr ungewisse Hoffnung, wandte ich ein; Heilungshoffnungen lägen noch in weiter Ferne, auch wenn manche Forscher und vor allem viele Politiker sie kräftig ins Feld führten. Sie wisse das, sagte die Mutter; aber eine vage Hoffnung sei besser als gar keine. Und sie beschwor mich, die Kirche solle derartigen Forschungen keine Hemmnisse in den Weg legen; das sei doch eine unbarmherzige Gleichgültigkeit gegenüber den Hoffnungen derer, die als Betroffene oder Angehörige unter schweren, genetisch bedingten Krankheiten zu leiden hätten. Parkinson, Alzheimer oder Mucoviscidose nannte sie als weitere Beispiele dafür.

Mir standen die Menschen aus meinem eigenen Bekanntenkreis vor Augen, die unter solchen Krankheiten leiden. Für viele von ihnen mögen die Heilungsmöglichkeiten zu spät kommen, die sich vielleicht eines Tages aus der Stammzellenforschung ergeben. Aber die Möglichkeit, dass vermehrbare und verwandelbare Stammzellen Lebensprozesse erneuern und sogar Krankheitsentwicklungen im menschlichen Gehirn zum Stillstand bringen können, wird von Kranken als eine große Verheißung aufgenommen – sei es für sich selbst oder auch erst für eine nächste Generation. Kann man sich solchen Hoffnungen verweigern? Aber rechtfertigen solche – naturgemäß ungewissen – Hoffnungen jedes Mittel? Wie verhalten sich diese allgemeinen Hoffnungen zu der Verpflichtung, Leben zu schützen – und sei es auf den allerersten Stufen seiner Entwicklung?

4.

Lebenshoffnungen knüpfen sich an die neuen Möglichkeiten der Medizin. Zugleich ist unser Bild vom Menschen auf elementare Weise in Frage gestellt. Wenn wir menschliche Embryonen als Rohstoff für Stammzellen verwenden, die verkauft und gekauft werden können – haben wir dann nicht schon damit begonnen, den Menschen selbst als eine Sache zu betrachten? Und wie groß ist der Schritt von der Präimplantationsdiagnostik zu einer aktiven eugenischen Selektion? Liegt die Zukunft in einer eugenischen Züchtung der von uns für lebenswert gehaltenen Menschen?

Solchen Fragen kann man nicht ausweichen. In Deutschland geht das sowieso nicht. Schon zu Beginn des 20. Jahrhunderts wurden von deutschen Wissenschaftlern eugenische Programme entworfen. Sie haben in der Nazizeit zu einer Unterscheidung zwischen lebenswertem und lebensunwertem Leben geführt, die nicht vergessen werden kann. Wiederholt werden darf sie auch niemals. Gewiss wäre es ungerecht, wenn wir heutige Forscherinnen und Forscher mit den Verfassern der damaligen eugenischen Programme und erst recht mit deren Vollstreckern auf eine Stufe stellen würden. Aber die Erinnerung an unsere Geschichte verpflichtet uns dazu, rechtzeitig nach den möglichen oder wahrscheinlichen Folgen der Entscheidungen zu fragen, die heute getroffen werden. Denn das Wesen menschlicher Verantwortung liegt darin, sich rechtzeitig über die möglichen Folgen des eigenen Handelns oder Unterlassens Rechenschaft abzulegen und daraus Konsequenzen zu ziehen.

Es ist nicht Schwarzmalerei, wenn man dabei nicht nur die positiven Seiten des Neuen im Blick hat, sondern auch mögliche Gefahren bedenkt. Und es hat nichts mit Forschungsfeindlichkeit zu tun, wenn man nicht alle Wege für begehbar hält, die Forscherinnen und Forscher gern begehen möchten. Denn es geht nicht nur um wissenschaftlichen Erfolg, sondern auch um die Würde des Menschen.

Noch vor kurzer Zeit habe ich nicht geahnt, in welcher Breite die öffentliche Diskussion über die ethischen Fragen im Umkreis der modernen Lebenswissenschaften sich entwickeln würde. Und ich habe auch nicht ahnen können, wie stark ich selbst in diese Diskussion hineingezogen würde. Meine Aufgaben als Bischof, meine Verantwortung innerhalb der Evangelischen Kirche in Deutschland, die Mitgliedschaft im Nationalen Ethikrat, aber auch meine lange Beschäftigung mit der theologischen Ethik haben je auf ihre Weise dazu beigetragen. Doch über alle Verantwortlichkeiten dieser Art hinaus hat mich das Thema in meinem menschlichen Fühlen und Mitfühlen in Anspruch genommen. Denn es geht nicht nur um eine Stellungnahme zu dieser oder jener neuen Errungenschaft der medizinischen Forschung. Es geht um große Hoffnungen für Menschen, die unter schweren Krankheiten leiden. Es geht um große Erwartungen an neue wissenschaftliche Möglichkeiten. Es geht aber auch um unser Bild vom Menschen und von seiner Zukunft.

Mein Dank gilt allen, die mir dabei geholfen haben, inmitten anderer Aufgaben in dieses Feld einzudringen und meinen Beitrag zur Diskussion zu entwickeln. Einzelne Teile der folgenden Überlegungen habe ich bei unterschiedlichen Anlässen zur Diskussion gestellt. Das von anderen Gelernte habe ich ihnen zu verdanken; was ich daraus gemacht habe, verantworte ich allein. All meine Überlegungen zu diesem Thema stehen unter dem Vorbehalt besserer Belehrung und Einsicht. Aber der Aufforderung, die Einsichten, die ich jetzt gewonnen habe, in gedrängter Form zugänglich zu machen, bin ich gern nachgekommen. Vielleicht helfen sie anderen zur Klärung. Nicht eine wissenschaftliche Abhandlung wollte ich schreiben, sondern einen Essay: einen Versuch der Orientierungshilfe. Dem Charakter des Essays entspricht es, dass ich auf Nachweise verzichte; wenn auf diese Weise Gedanken anderer aufgenommen werden, ohne dass dies im einzelnen belegt ist, bitte ich um freundliche Nachsicht.

Brauchen wir eine neue Moral?

1.

Brauchen wir angesichts der neuen Möglichkeiten der Wissenschaft eine neue Moral? Verlangt die Gentechnologie von uns ein neues moralisches Koordinatensystem? Müssen wir unsere Maßstäbe verändern, um Antworten auf die Fragen zu finden, vor die uns die Reproduktionsmedizin stellt?

So fragen gegenwärtig viele Menschen. Die Antworten, die mir begegnen, schwanken zwischen der resignativen These, wir erlebten einen Werteverfall, und der zuversichtlicheren These, wir hätten es lediglich mit einem Wertewandel zu tun, der nur in die richtigen Bahnen gelenkt werden müsse. Meine eigene Überzeugung finde ich in keiner dieser beiden Antworten wieder. Ich bin davon überzeugt, dass wir vor großen Herausforderungen des Handelns stehen, die durch die gesellschaftlichen Veränderungen hervorgerufen werden. Hinter ihnen stehen einschneidende Innovationen und tiefgreifende Veränderungen, die durch Wissenschaft und Technik hervorgerufen werden. Auf diese Veränderungen und neuen Herausforderungen müssen wir so antworten, dass wir tragende und tragfähige Werte in einer durchdachten Weise auf die neue Situation anwenden.

Weder die These vom Werteverfall noch diejenige vom Wertewandel trifft diese Situation. Neues Wertebewusstsein könnte stattdessen die Forderung des Tages sein oder, wie ich gerne in Anknüpfung an ein bereits geflügeltes Wort von Gerhard Schröder sage: Dass wir die großen Fragen der Gegenwart ohne ideologische Scheuklappen diskutieren sollen, kann nicht bedeuten, dass wir sie ohne moralische Grundsätze diskutieren. Wir stehen vor neuen Herausforderungen. Auf sie können wir nur reagieren, wenn wir uns Rechenschaft über die Grundsätze ablegen, von denen wir uns leiten lassen wollen.

Wirft man einen kurzen Blick auf die Geschichte der Moral, dann ist das Erstaunliche nicht die Tatsache, dass die Moral sich gewandelt hat. Erstaunlich ist vielmehr, dass bestimmte Maßstäbe über die

Jahrtausende hin ihre Gültigkeit bewahrt haben. Wer sich an die zehn Gebote hält, weiß auch heute, dass die falsche Anschuldigung eines anderen Menschen, das arglistige Übervorteilen, die Gewalt gegen Fremde oder das Anzünden von Synagogen gegen jede Moral verstößt. Denn damit wird das Leben anderer Menschen gefährdet, ihr Eigentum angetastet, ihre Integrität beschädigt. „Alles nun, was ihr wollt, dass euch die Leute tun sollen, das tut ihnen auch", sagt die Goldene Regel, die schon von Jesus nicht zum ersten Mal formuliert, sondern zitiert wird (Matthäus 7,12). Mit ihrer Hilfe lassen sich auch heute ziemlich viele moralische Fragen beantworten. „Du sollst den Herrn, deinen Gott, lieben von ganzem Herzen, von ganzer Seele und von ganzem Gemüt. Du sollst deinen Nächsten lieben wie dich selbst", so sagt es das Doppelgebot der Liebe, mit dem Jesus an Gebote der hebräischen Bibel anknüpft (Matthäus 22,37.39). Auch dieses Doppelgebot der Liebe hat an Aktualität nichts eingebüßt. Heute spüren wir vielmehr von neuem, dass der Mensch seine Menschlichkeit gefährdet, wenn er den Sinn für das Heilige, für die Ehre Gottes verliert. Und wir spüren ebenso, dass der Mensch sein eigenes Personsein preisgibt, wenn er es nicht auch im andern Menschen achtet.

Die Bedingungen und die Anwendungsfelder der Moral ändern sich weit stärker als die Moral selbst. Heute geschieht das in so starkem Maß, dass gefragt werden muss, ob Moral überhaupt möglich bleibt. Nicht ob sie sich wandelt, ist die Frage, sondern es muss gefragt werden, ob die Voraussetzungen von Moral gewahrt werden können.

2.

Moral, wo immer wir von ihr reden, setzt eine Person voraus, die zur Freiheit berufen und zum Freiheitsgebrauch fähig ist. Moral beruht, wie immer sie im einzelnen ausgestaltet wird, auf der Korrespondenz von Freiheit und Verantwortung. Nur wer zur Verantwortung fähig und damit auch schuldfähig ist, nur von dem lässt sich sagen, er sei zur Moral fähig. Nur wem wir die Fähigkeit unterstellen, Handlungen von selbst anzufangen oder auch Handlungen von selbst zu unterlassen, nur dem trauen wir verantwortliches Handeln überhaupt zu.

Nehmen wir beispielsweise die häufig verwendete Behauptung, „der Markt" diktiere die Handlungsweisen, die heute nötig seien; er bestimme auch, welche Wege wissenschaftlicher Forschung und Entwicklung beschritten werden müssen. Wer auf eine solche Weise den Markt zum Gesetzgeber macht, erklärt damit zugleich, dass verantwortliches Handeln abdankt. Denn es gibt dann keine freie und verantwortliche Person, die entscheiden könnte, welche Handlungen angefangen oder unterlassen werden; sondern „der Markt entscheidet es". Im Blick auf wissenschaftspolitische Entscheidungen wird bisweilen gesagt, wir hätten gar keine Wahl, weil die entsprechenden Forschungen im Ausland ohnehin durchgeführt werden. Das erinnert an die Aussage, wir könnten auf Rüstungsexporte nicht verzichten; denn sonst machten andere die Geschäfte. Der bloße Verweis auf das Handeln anderer ist indessen zunächst nichts anderes als ein Signal für den Verzicht auf eine eigene, selbständig verantwortete Handlung. Es mag andere Begründungen für die Richtigkeit dieser Handlung geben. Aber das Argument allein, „der Markt" diktiere „es" oder der Wettbewerb gebiete diese Handlung zwingend, ist mit der Vorstellung von einem moralisch ansprechbaren Subjekt nicht vereinbar.

Dass der Mensch nicht nur Naturwesen, sondern sittliche Person ist, bildet eine wesentliche Voraussetzung aller Moral. Der christliche Glaube begründet diese Verantwortungsfähigkeit und Moralfähigkeit des Menschen in seinem Angesprochensein durch Gott und damit im Antwortcharakter menschlichen Lebens. Es sei daran erinnert, dass im deutschen Wort „Verantwortung" das Wort „Antwort" enthalten ist. Der Mensch ist das von Gott angesprochene und zur Antwort aufgeforderte Wesen. Das ist gemeint, wenn man vom Menschen als Gottes Ebenbild spricht; denn damit wird er als das Gott entsprechende, von ihm ansprechbare und zur Antwort befähigte Wesen charakterisiert. In dieser Antwortfähigkeit liegt die Wurzel menschlicher Verantwortung.

Dass der Mensch diese Antwort selbständig gibt, ist der Grund seiner Freiheit. Dass wir Moral für möglich halten, setzt also einen Begriff von der menschlichen Person als einem freien und verantwortlichen Wesen voraus, dem seine Taten zugerechnet werden können und das für sein Handeln rechenschaftspflichtig ist. Doch ob diese Voraussetzung auch heute noch gilt und in Zukunft noch gelten wird, ist fraglich.

Behält die Person als Trägerin von Freiheit und Verantwortung im wissenschaftlich-technischen Fortschritt ihren Platz? Oder besteht die Gefahr, dass sie als Trägerin von Freiheit und Verantwortung verschwindet? Anders gefragt: Bringt der wissenschaftlich-technische Fortschritt die Person zum Verschwinden, indem er sie wie eine „Sache" behandelt? Vor allem die neuesten Entwicklungen in der Anwendung der Gentechnik auf den Menschen legen eine solche Frage nahe.

Nicht Sache, sondern Person

1.

Der Fortschritt der Lebenswissenschaften, insbesondere der Fortschritt der Gentechnologie – die Entschlüsselung des menschlichen Genoms in allererster Linie –, führt oder verleitet zu einer Wissenschaftsgläubigkeit, in welcher eine vom Menschen als Naturwesen unterschiedene sittliche Person scheinbar kein Interesse mehr verdient. Zwar weisen Wissenschaftler immer wieder darauf hin, dass es sehr leichtsinnig und oberflächlich ist, Voraussagen über das Schicksal eines Menschen aus seiner genetischen Ausstattung abzuleiten. Aber die Verführung ist gleichwohl da, in das, was man über die genetische Ausstattung des Menschen weiß, höhere Erwartungen zu setzen, als eigentlich gerechtfertigt ist. Junge Menschen wachsen heute oft in einer Atmosphäre auf, in der ihre persönliche Identität weithin mit ihrer genetischen Ausstattung gleichgesetzt wird. Wenn ihr Leben nicht in der vorgesehenen Weise gelingt, ist dafür ein Defekt in der genetischen Ausstattung verantwortlich. In den USA ist es deswegen schon dazu gekommen, dass Kinder ihre Eltern wegen dieser vermeintlich defizitären genetischen Ausstattung verklagt haben. Sie klagen dann wegen wrongful birth, einer „falschen" Geburt; gemeint ist damit eine „falsche Ausstattung" bei der Geburt. In der Reaktion darauf werden die Möglichkeiten von Pränataldiagnostik und Präimplantationsdiagnostik ausgebaut.

Steht dahinter nicht ein Besorgnis erregender Wandel in unserem Verhältnis zu werdendem Leben? Der Embryo wird von vielen nicht mehr als potenzieller Träger personaler Identität gesehen, sondern als ein „Etwas", als ein „Klumpen" von Zellen, um dessen optimale Ausstattung wir uns bemühen, den wir aber auch zum Gegenstand verbrauchender Forschung oder therapeutischer Nutzung machen können. Kühnerweise wird in solchen Zusammenhängen behauptet, es entwerte den Begriff der Menschenwürde, wenn er auch schon auf den Embryo in den ersten Stufen seiner Entwicklung angewandt werde. So hat der Philosoph und Staatsminister Julian Nida-Rümelin in einem solchen Zusammenhang erklärt: „Der volle, prinzipiell gleiche Lebensschutz aller Menschen ab der Geburt ist ethisch voll begründet. Die Zuschreibung gleicher Menschenwürde an wenige Millimeter große Zellwände ohne jedes Empfindungsvermögen (Embryonen in den ersten 14 Tagen vor ihrer Einnistung in die Gebärmutter) entwertet dagegen einen wichtigen moralischen Grundbegriff." Doch man kann auch umgekehrt fragen, ob nicht ein Philosoph einen unterentwickelten Begriff vom menschlichen Leben hat, wenn er nicht begreifen – oder doch wenigstens vor dem Wunder staunen – kann, dass sich aus diesen „wenige Millimeter großen Zellwänden" ein Mensch entwickelt – wenn wir ihn denn sich entwickeln lassen.

Der Mensch als sittliches Wesen ist eben nicht identisch mit dem jeweiligen Stadium seiner biologischen Entwicklung. Wenn der Mensch als sittliches Wesen nicht mehr von dem Menschen als Angehörigem einer biologischen Gattung unterschieden wird, verschwindet die Person. Die Gottebenbildlichkeit wird in einem ganz elementaren Sinn gegenstandslos: Es gibt dann den Menschen nicht, der von Gott angesprochen und zur Antwort aufgerufen ist.

Nida-Rümelin bestreitet die Möglichkeit, ein menschliches Lebewesen schon vor der Geburt im Ausstrahlungsbereich der Menschenwürde zu sehen, weil er diese allein an das Kriterium der menschlichen Selbstachtung bindet. Darüber, dass auch von einer Selbstachtung des Säuglings eigentlich noch nicht die Rede sein kann, geht er hinweg. Gegenüber der Art, wie in diesem Fall die Selbstachtung als einziges Kriterium für die Zuerkennung von Würde eingeführt wird, ist freilich noch ein anderer Einwand vorzubringen. Unsere kulturelle wie religiöse Tradition orientiert sich nicht nur an der Selbstachtung, sondern auch an der Achtung des andern, nicht nur an der Selbstliebe, sondern auch an der Nächstenliebe. Es wäre ein fundamentaler Kulturbruch, wenn nur noch einer dieser beiden Pole Anerkennung und Berücksichtigung fände. Athen und Jerusalem, griechisch-römische Antike und jüdisch-christliche Religion – man kann auch sagen: Aufklärung und Religion – stehen für diese Pole. Auch in den Entscheidungen der Gegenwart sollten beide Pole Berücksichtigung finden. Nicht nur die Selbstachtung der individuellen Person, sondern auch die Achtung des andern, nicht nur die Fürsorge für das eigene Leben, sondern auch die Achtung fremden Lebens müssen deshalb die anstehenden Entscheidungen bestimmen. Das aber bedeutet, dass wir Achtung und Fürsorge auch schon einem menschlichen Lebewesen entgegenbringen können, das zur Selbstachtung noch nicht im Stande ist. Wir können den offenen Anfang des menschlichen Lebens gerade darin achten, dass wir ihm schon auf seinen frühen Stufen den Schutz zukommen lassen, zu dem wir fähig sind.

2.

Der Mediziner und Genetiker Jim Watson, Empfänger des Nobelpreises für Medizin, hat die großen Fortschritte in der Entschlüsselung des menschlichen Genoms damit begrüßt, dass er gesagt hat, nun sei es möglich, die genetische Ausstattung des Menschen so genau zu bestimmen – ich sage es mit meinen eigenen Worten –, dass man im Voraus entscheiden kann, ob dieser Mensch zur Welt kommen soll oder nicht. Aus diesem Grund – so sagt er wörtlich – „wird es während der nächsten Jahrzehnte einen immer stärkeren Konsens darüber geben, dass Menschen das Recht haben, dem Leben erbgeschädigter Föten ein Ende zu setzen." Was heißt „erbgeschädigt"? Entscheiden sollen darüber – so sagt Watson – die Eltern. Welche Verantwortung wird ihnen da zugemutet und auf welcher Grundlage? Die Grundlage, die Watson dafür angibt, ist ein Begriff des menschlichen Lebens, der von jeder Vorstellung von gleichen Lebensrechten endgültig Abschied nimmt und deswegen ausdrücklich sagt: Nur religiös denkende Menschen glauben, dass erblich behinderte Föten die gleichen existenziellen Rechte haben wie jene, denen ein gesundes und produktives Leben gegeben ist. Solche religiösen Argumente – so Watson weiter – sind allerdings nicht überzeugend für all jene unter uns, denen die religiös motivierte Behauptung der „Unantastbarkeit" des Lebens nicht einleuchtet und die stattdessen glauben, dass menschliches und anderes Leben nicht von Gott geschaffen wurde, sondern durch einen evolutionären Prozess entsteht, der den Darwin'schen Prinzipien der natürlichen Auslese folgt.

Ich möchte nun nicht in die Lage kommen, erneut einen weltanschaulichen Kampf um die Darwin'schen Prinzipien führen zu müssen. Ich möchte aber auch nicht, dass die Entdeckungen von Darwin so genutzt werden, dass das gleiche Lebensrecht jedes Menschen aus der Welt geschafft wird. Denn dann entsteht ein Gradualismus des Anspruchs auf Lebensrechte. Er führt jedoch unausweichlich – und das Beispiel von Watson ist dafür sehr charakteristisch – in eine neue Art der Eugenik. Sie soll sich, wenn man Watsons Argumentation folgt, von der Nazi-Eugenik nur dadurch unterscheiden, dass es eine „gute" und nicht eine „böse" Eugenik sei.

An keinem Vorgang der letzten Zeit ist mir in vergleichbarer Weise deutlich geworden wie an diesen Äußerungen von Jim Watson, wie unmittelbar unser Bild vom Menschen mit der Frage zusammenhängt, ob wir eine Transzendenz menschlichen Lebens anerkennen oder nicht. Nie ist mir in letzter Zeit so deutlich geworden wie an dieser Debatte, dass die Preisgabe des Gottesbezugs menschlichen Lebens eine Preisgabe der Würde der menschlichen Person einschließt. Umso kühner, umso tollkühner werden die selbstüberheblichen Vorstellungen von den Möglichkeiten des Menschen. „Man muss den Tod abschaffen", sagt der französische Schriftsteller Michel Houellebecq. „Durch die Gentechnik", so wird er gefragt, „wird es vielleicht bald möglich sein, das Altern zu unterbinden?" Houellebecq antwortet: „Ja, vielleicht, das wäre eine gute Sache; denn der Tod kann tatsächlich besiegt werden. Aber im Moment scheint die beste Lösung, dass man die Leute ab einem bestimmten Alter einfach tötet. Aber das ist science fiction. Im Moment muss man sich darauf beschränken, sie zu verstecken." Die nächste Frage an den Schriftsteller lautet: „Wäre es wirklich gut für die Menschheit, den Tod zu besiegen? Macht dir die Ewigkeit keine Angst?" Houellebecq antwortet: „Ich mag die Vorstellung. Das ist doch nett, wenn man angenehme Dinge tut."

3.

Die Gleichsetzung des Menschen mit seiner naturalen Ausstattung ist der eine Weg dazu, die Person als Subjekt der Freiheit verschwinden zu lassen. Der andere Weg – gegenwärtig auch intensiv diskutiert – besteht in der Vision, der Mensch könne mit den Mitteln der Wissenschaft eine posthumane Stufe der Evolution einleiten. Schon lange verbindet sich beispielsweise mit der Entwicklung der künstlichen Intelligenz die Vorstellung, es lasse sich mit der Computertechnologie ein Wesen erzeugen, das in seinen rationalen Fähigkeiten dem Menschen gleich oder überlegen sei. Neue Entwicklungen der Nanotechnologie – der Fähigkeit zu einer bislang ungeahnten Miniaturisierung technischer Geräte –, verbunden mit der Robotik, haben solchen Spekulationen neuen Auftrieb gegeben. Entscheidend ist die Erwartung, dass durch diese Technologien Maschinen hervorgebracht werden können, in denen sich selbst steuernde Prozesse in Gang kommen, die in keinem Sinn auf menschliche Intelligenz und eine menschliche Initialhandlung angewiesen sind. Aber ebenso wie an die Robotik und an die Nanotechnik richtet sich natürlich auch an die Gentechnik die Erwartung, sie könne eine nachmenschliche, eine posthumane Stufe der Evolution einleiten, in der jedenfalls die Sonderstellung des Menschen ein Ende hat.

Die Aufhebung des Personcharakters des Menschen durch die Gleichsetzung mit seiner natürlichen Ausstattung oder die Aufhebung der Sonderstellung des Menschen durch den Übergang in eine posthumane Stufe der Evolution sind die zwei Formen, in welchen die Person als freies und verantwortungsfähiges Wesen in Frage gestellt wird. Beide Fälle muss man unter dem Gesichtspunkt ihrer möglichen Folgen beurteilen.

Unterscheidet man nicht mehr zwischen dem Menschen als sittlicher Person, der Freiheit und Verantwortungsfähigkeit zuerkannt werden, und dem Menschen als biologischem Wesen, so ergibt sich, wie gerade am Beispiel von Jim Watson verdeutlicht wurde, ein „Gradualismus der Personalität" als nahe liegender nächster Schritt. Gemeint ist damit, dass einem Menschen Rechte und Pflichten in abgestufter Form zugeschrieben werden, nämlich entsprechend den mit seiner genetischen Ausstattung verbundenen Fähigkeiten. Da ist am einen Ende der Skala derjenige, dessen Leben zu beenden als unbezweifelbares Recht gilt, zunächst pränatal, aber warum nicht eines Tages auch postnatal? Neben diejenigen, deren Lebensrecht faktisch bestritten wird, tritt die Gruppe derjenigen, die als beschränkt einsatzfähig gelten, also auch nur beschränkte Rechte erhalten sollen. Und da sind am anderen Ende die genetisch optimal Ausgestatteten, denen demgemäß auch besondere Rechte zuerkannt werden. Konsequent zu Ende gedacht, hätte ein solcher Gradualismus der Personalität auch politische Folgen. Man müsste, wenn ich es so ausdrücken darf, eine neue Form von preußischem Drei-Klassen-Wahlrecht unter den Bedingungen der Gentechnologie einführen. Eine Auflösung der Menschenrechte in eine neue Variante politischer Eugenik wäre die Folge.

Wenn sich mit der wissenschaftlich-technischen Entwicklung in den Bereichen der Gentechnologie, der Nanotechnologie und der Robotik die Erwartung verbindet, dass Dinge entwickelt werden, die den Menschen überlegen sind und deshalb besondere Erwartungen an die Personalität des Menschen überflüssig machen, dann ist damit die Frage gestellt, ob überhaupt zwischen „jemand" und „etwas" noch eine wirkliche Differenz besteht. Diese Differenz ist in der Tradition des Personbegriffs darin gesehen worden, dass der Mensch nicht durch besondere Eigenschaften oder Leistungen zu etwas wird – und sei dies „eine Person" –, sondern dass er als Person geachtet und anerkannt wird, bevor er solche Eigenschaften oder Leistungen überhaupt zu entwickeln vermag. Dieser ontologische Befund findet eine Entsprechung in der ganz simplen Beobachtung, dass die Ausbildung derjenigen Eigenschaften, an denen sich unserer durchschnittlichen Auffassung zufolge die Personalität eines Menschen zeigt – zum Beispiel Selbstbewusstsein, Selbstbestimmung, Selbstvertrauen – immer schon voraussetzt, dass der Betreffende als Person akzeptiert und behandelt wurde.

Die dahinter liegende Erfahrung kennen wir alle aus dem Aufwachsen von Kindern. Ein Kind kommt nicht mit Selbstbewusstsein und mit der Fähigkeit zur Selbstbestimmung auf die Welt. Deswegen ist es auch vollkommen abstrakt zu sagen, wir definierten die menschliche Person durch die Selbstachtung, und gleichzeitig zu behaupten, wie es manche tun, diese Personalität im Sinne einer am Menschen aufweisbaren „Fähigkeit" beginne mit der Geburt. Auch von Neugeborenen gilt, dass wir nicht Selbstachtung an ihnen nachweisen können. Dass das Neugeborene Selbstbewusstsein und die Fähigkeit zur Selbstbestimmung entwickelt, hängt daran, dass es als Person geachtet und anerkannt wird, bevor es solche Fähigkeiten hat. Das gerade macht den Zauber und das Wunder des Aufwachsens von Kindern aus. Der erste Blick, mit dem Mutter und Vater das Kind anblicken, enthält eine Respektierung dieses Kindes als Person, bevor es sich selbst als Person in einem umfassenden Sinn des Wortes artikulieren kann.

Derselbe Vorgang bildet auch eine Grundbewegung des christlichen Glaubens, wie sie ganz besonders durch die Reformation neu entdeckt wurde. Gott schaut dich und mich als Personen an – unabhängig davon, ob wir uns vor Gott als Personen erweisen, also selbst rechtfertigen können. Jeder Mensch ist mehr, als er aus sich selbst macht, weil Gott mit seinem Blick ihm dieses „Mehr" verleiht. Niemand von uns ist identisch mit seinen Leistungen und Gott sei Dank auch nicht mit seinen Fehlleistungen. Dass ich Person bin, ist nicht abhängig von meinen Taten und deshalb Gott sei Dank auch nicht von meinen Untaten. Ich kann verantwortlich handeln, weil ich geachtet bin über all mein verantwortliches Handeln – und deshalb auch über mein unverantwortliches Handeln – hinaus. Das ist der grundlegende Sinn dessen, was wir mit dem Wort „Rechtfertigung" beschreiben. Und es hat seine elementare Analogie innerhalb der Grunderfahrungen des menschlichen Lebens im Aufwachsen von Kindern. In dem, was jedes Kind beim Aufwachsen erfährt, liegt also eine Entsprechung zu unserem Verhältnis zu Gott.

Deshalb ist es entscheidend für den Begriff der Person, dass der Mensch nicht reduziert wird auf seine natürliche Ausstattung, auf seine physische Existenz oder die ihm genetisch anvertrauten Gaben. Ich bin auch anderes und mehr geworden, als in meinen Genen steckt. Ich habe nämlich eine Geschichte. Deshalb bin ich heute ein anderer als mein Zwillingsbruder wäre, wenn ich einen hätte; denn er würde eine andere Geschichte haben. Uns beide zu reduzieren auf die identische genetische Ausstattung, wäre eine Verachtung unseres Person-Seins. Genau diese Verachtung vollzieht sich aber, wenn man im Menschen nicht mehr sieht als seine genetische Ausstattung. Der Unterschied zwischen „jemand" und „etwas" verschwimmt.

Jeder freilich, der diese Würde des Person-Seins nur für sich oder seinesgleichen gelten lässt, verspielt sie damit selbst. Zu dem Begriff der Person, den ich zu beschreiben versuche, gehört die Wechselseitigkeit, gehört die Einheit von Selbstsorge und Sorge für andere. Denn das Gebot „Liebe deinen Nächsten wie dich selbst" enthält ja beides in der denkbar kürzesten Formulierung: die Sorge für sich selbst wie die Zuwendung zum andern.

Der Feststellung, dass der Begriff der Person nicht einfach mit dem biologischen Status gleichgesetzt wird, entspricht auch die rechtliche Beobachtung, dass einem menschlichen Wesen in statu nascendi bereits personale Rechte zuerkannt werden, obwohl es einen Anspruch auf solche Rechte selbst überhaupt noch nicht zu artikulieren vermag. Das Erbrecht des noch nicht geborenen Kindes ist dafür das deutlichste Beispiel. An der Rechtsstellung des noch nicht geborenen Kindes sieht man, dass es ein Angriff auf die Personalität selbst ist, wenn man deren Anfang und Ende scheinbar eindeutig und ein für allemal zu definieren beansprucht. Eben darin, dass sie sich einer abschließenden Definition entzieht, zeigt sich die Würde der menschlichen Person. Wenn es den Unterschied von „jemand" und „etwas" nicht mehr gäbe, dann verschwände auch diese Würde.

4.

Der Mensch lässt sich als das Wesen verstehen, dem etwas wichtig sein kann. Weil ihm überhaupt etwas wichtig sein kann, können ihm auch andere Menschen wichtig sein. Was sein Leben ausmacht, drückt sich darin aus, wer oder was ihm in diesem Leben wichtig geworden ist. Meine eigene Identität, die Identität jedes Menschen, hat die Struktur einer Erzählung. Sie tritt nirgendwo deutlicher hervor als dadurch, dass ich erzähle, was und wer mir wichtig geworden ist. Diese Erzählung müssen wir im Blick haben und nicht das Genom, wenn es auch in Zukunft einen Sinn haben soll, vom Menschen als Person zu sprechen.

Es gibt – so hat die vorangehende Überlegung hoffentlich gezeigt – auch heute gute Gründe dafür, an der Besonderheit der Person festzuhalten und die Unterscheidung zwischen „jemand" und „etwas" nicht aufzugeben. Das Bewusstsein für das Besondere an der Person wird dort erhalten und erneuert, wo eine Gemeinschaft von einer Kultur der Anerkennung geprägt ist, die den Menschen selbst und nicht einfach ihren Leistungen gilt. Dass Menschen sich als Personen entfalten können, so sahen wir, setzt voraus, dass sie als Personen anerkannt werden, bevor sie sich als Personen entfalten können. Und es drückt sich auch darin aus, dass ihnen diese Anerkennung erhalten bleibt, selbst wenn sie nichts Anerkennenswertes tun. Diese Kultur der Anerkennung ist in ihrer reinen Form im Gedanken der Rechtfertigung vorgezeichnet. Deswegen sage ich: Es gibt für eine christliche Kirche keine wichtigere Aufgabe, als den Raum zu bilden für eine solche Kultur der Anerkennung. Und für die Rettung der Person unter den Bedingungen der Gegenwart gibt es nichts Wichtigeres, als dass es Räume gibt, in denen eine solche Kultur der Anerkennung gepflegt wird.

Die Aktualität
des christlichen Menschenbilds

1.

Das Jahr 2001 hat uns eindringlich auf die Aktualität des christlichen Menschenbilds gestoßen. Am 11. September 2001 hat alle Welt miterlebt, wie ein terroristischer Angriff auf das „symbolische Nervenzentrum des Westens" durchgeführt wurde, der zugleich ein fundamentaler Angriff auf all unsere Vorstellungen von Humanität war. Religion, Gehorsam gegenüber Gott, wurde zur Rechtfertigung dafür in Anspruch genommen. Und wir sahen uns vor die Frage gestellt, wie wir anders als im Geist der Rache und der Vergeltung, aber doch wirkungsvoll auf solche Gewalttaten und einen derartigen Missbrauch des Gottesnamens reagieren könnten.

Im Blick auf das Menschenbild wurde uns durch diesen schrecklichen Vorgang und seine Folgen zweierlei zugleich in Erinnerung gerufen: Ein schlicht optimistisches Menschenbild, das vor dem abgründig Bösen die Augen verschließt, zu dem Menschen fähig sind, greift zu kurz. So heißt die eine Erinnerung. Und die andere: Kein Ziel, selbst wenn eine Gottheit dafür in Anspruch genommen wird, kann den Mord an einem andern Menschen rechtfertigen.

Auch der 3. Mai 2001 ist ein Datum, das – freilich auf ganz andere Art – zum Nachdenken über das Bild vom Menschen genötigt hat. An diesem Tag revidierte die Deutsche Forschungsgemeinschaft ihre Position zur Forschung mit menschlichen embryonalen Stammzellen. Bis dahin hatte sie solche Forschungen in Deutschland ausgeschlossen. Nun sprach sie sich dafür aus, sie zuzulassen.

Dieser Kurswechsel hat einen politischen Entscheidungsdruck ausgelöst, der mit der Entscheidung des Deutschen Bundestags vom 30. Januar 2002 zu einem vorläufigen Ergebnis gekommen ist. Eine verbrauchende Embryonenforschung soll es in Deutschland ebenso wenig geben wie eine generelle Erlaubnis für den Import von embryonalen Stammzelllinien. Für hochrangige Forschungsvorhaben, die auf keinem anderen Weg verfolgt werden können, soll jedoch zeitlich befristet, an ein Stichtagsdatum gebunden und mit weiteren Auflagen versehen ein Import von Stammzelllinien möglich sein.

Doch die öffentliche Debatte ist mit dieser Entscheidung des Deutschen Bundestags nicht abgeschlossen. Sie hat vielmehr gerade erst begonnen. Wolfgang Frühwald – der frühere Präsident der Deutschen Forschungsgemeinschaft und heutige Präsident der Alexander-von-Humboldt-Stiftung – hat diese Kontroverse dahingehend charakterisiert, sie sei „zu einer Auseinandersetzung um ein christliches, zumindest kantianisches Menschenbild auf der einen Seite und ein szientistisch-sozialdarwinistisches Menschenbild auf der anderen Seite geworden." Das eine orientiert sich daran, dass Gott den Menschen als sein Gegenüber will; dies ist eine Würdigung des Menschen, die es verbietet, dass er, in welchen Stadien seines Lebens auch immer, zum Mittel für fremde Zwecke gemacht wird. Das andere Bild vom Menschen dagegen orientiert sich an den Interessen der wissenschaftlichen Erkenntnis und des damit verbundenen wirtschaftlichen Fortschritts; es richtet sich an der Optimierung des Menschen aus; denn nur der Stärkere setzt sich durch.

Ob man die Vorschläge, die zur Lösung des Streits um den Import embryonaler Stammzellen gemacht wurden, in eindeutiger Weise diesen beiden Menschenbildern zuordnen kann, ist umstritten. Die Grundfragen, an die Frühwald erinnert hat, sind noch längst nicht ausgetragen. Frühwald hat sogar einen „Kulturkampf" prophezeit, der so rasch nicht enden werde. Andere haben ihm vehement widersprochen – sowohl was die Beschreibung der Frontlinien als auch was die Charakterisierung der Debatte als „Kulturkampf" betrifft.

Hubert Markl hat als Präsident der Max-Planck-Gesellschaft zu dem Streit um das Menschenbild mehrere bemerkenswerte und streitbare Beiträge geleistet. Zu Recht stellt er die Einsicht ins Zentrum, dass der Mensch mehr ist als dieses oder jenes biologische Faktum. Markl hält es für einen Ausdruck überzogener biologischer Allmachtsphantasien, wenn wir meinen, durch die Erkenntnis des biologischen oder des genetischen Substrats schon erfasst zu haben, was der Mensch als Person ist. „Menschlichkeit, Menschenwürde, ja recht eigentlich Menschsein – so Markl – ist mehr als dies (biologische) Faktum (des Homo sapiens), es ist eine kulturell-sozial begründete Attribution, die sich in der Begriffsbegründung zwar sehr wohl biologischer Fakten bedienen kann, ja muss, die sich aber in ihnen nicht erschöpft."

Gewiss: Das Verständnis des Menschen als einer mit Würde versehenen, mit Freiheit begabten, zur Verantwortung berufenen Person bezieht sich zwar auf ein biologisches Faktum, erschöpft sich aber nicht in ihm. Daraus folgt jedoch nicht, dass wir in Menschlichkeit und Menschenwürde einfach kulturelle Interpretationsleistungen und Interpretationsmuster sehen könnten, die einem willkürlichen Wandel ausgesetzt sind oder ausgeliefert werden dürfen. Zwar wandelt sich unsere Wahrnehmung der Menschenwürde und ihrer Reichweite; die Sprache verändert sich, in der wir von ihr sprechen. Doch das liegt daran, dass unsere Sprache immer nur annäherungsweise erfasst, was sie benennen soll; niemals ist sie imstande, sich des Bezeichneten vollständig zu bemächtigen. Deshalb ist es auch verkehrt, aus den kulturellen Wandlungen unserer Rede von der menschlichen Würde zu schließen, diese Würde selbst sei ohnehin nichts anderes als das leicht wandelbare Erzeugnis kultureller Deutungen. Verkehrt ist es deshalb erst recht, wenn die Anstrengung unternommen wird, unseren Begriff der menschlichen Würde zu relativieren, sobald uns das im Interesse des wissenschaftlichen Fortschritts gerade als wünschenswert erscheint.

Deshalb folge ich Hubert Markl dort nicht, wo er die Unterscheidung zwischen dem Menschen als Mitglied der Gattung Homo sapiens und dem Menschen als Person dazu benutzt, die ethischen Einwände gegen einen forschenden Verfügungsanspruch über den Menschen – auch auf den frühen Stufen menschlicher Entwicklung – zu relativieren oder gar für irrelevant zu erklären. Dass wir den Menschen als Person von seiner genetischen Ausstattung unterscheiden, heißt nicht, dass die genetischen Ausgangsbedingungen, aus denen sich eine menschliche Person entwickeln kann, als bedeutungslos betrachtet werden können. Es ist deshalb sehr problematisch, wenn durch „kulturelle Übereinkunft" ein Datum festgelegt werden soll, von dem an wir das sich bildende menschliche Lebewesen erst als schutzwürdig anerkennen, während es in den vorausliegenden Stufen seiner Entwicklung eine bloße Biomasse darstellen soll. Dass wir im Menschen mehr sehen als die Summe seiner biologischen Merkmale, heißt nicht, dass das biologische Substrat seines Lebens eine bloße Sache ist.

2.

Auch unter den strengen Einschränkungen, die der Deutsche Bundestag dafür vorgesehen hat, setzt die Forschung mit embryonalen Stammzellen den „Verbrauch" von Embryonen voraus – und sei es nur rückwirkend. Damit steht die Frage im Raum, ob verbrauchende Forschung an und mit Embryonen mit dem uns bestimmenden Bild vom Menschen zu vereinbaren ist.

Von wann an ist der Mensch ein Mensch? So wird gefragt, um zu klären, ob auch der menschliche Embryo in den frühen Stufen seiner Entwicklung am Schutz von Würde und Leben des Menschen teilhat. Wer darauf eine Antwort finden will, kommt nicht darum herum, tiefer zu bohren und auch zu fragen: „Was ist der Mensch?" Schon der Psalmist hat so gefragt: „Was ist der Mensch, dass du seiner gedenkst und des Menschen Kind, dass du dich seiner annimmst? Du hast ihn wenig niedriger gemacht als Gott, mit Ehre und Herrlichkeit hast du ihn gekrönt." (Psalm 8,5 f). Die Frage des Psalmisten weist auch auf eine Antwort. Sie heißt: Der Mensch ist das Lebewesen, das Gott sogar würdigt, sein Ansprechpartner, sein Gegenüber, sein Ebenbild zu sein. Nicht eine vorfindliche Qualität am Menschen selbst macht ihn zu Gottes Gegenüber, sondern allein Gottes Anrede. Durch sie ist der Mensch ein Beziehungswesen. Nicht wenn wir seine Substanz betreffende Aussagen über ihn machen, sondern nur, wenn wir die Beziehungen beschreiben, in denen sich sein Leben vollzieht, reden wir richtig über ihn. Schon Luther hat das erkannt und dazu aufgefordert, dass wir vom Menschen in der Beschreibung seiner Relationen und nicht in Behauptungen über seine Substanz reden.

Wer der Würde des Menschen auf die Spur kommen will, muss die Relationen achten, in denen sich das Leben des Menschen vollzieht. Die Relation zu Gott steht unter ihnen voran. Die Relationen zu den Mitmenschen und zur natürlichen wie zur sozialen Mitwelt treten ihr zur Seite. Auch die Relation des Menschen zu sich selbst kommt in den Blick. Diese Relationen sind dadurch geprägt, dass Gott den Menschen würdigt, sein Ebenbild zu sein. Wie sollten Menschen dann einander nicht als ebenbürtig achten? Wie sollten Menschen dann nicht die Schöpfung im Ganzen dankbar wahrnehmen, deren Teil sie nach Gottes Willen sein können? Wie sollte einem Menschen dann die Selbstachtung versagt sein? Gott zu ehren, den Mitmenschen in seiner gleichen Würde zu achten, Gottes Schöpfung dankbar wahrzunehmen und in Selbstachtung sein Leben zu führen – das sind die vier Hinsichten, in denen unser Menschsein in Relationen praktische Konsequenzen hat.

Nun verstoßen wir Menschen immer wieder gegen die Achtung, die Gott uns gewährt. Wir versagen einander die Achtung, die wir uns wechselseitig schulden, da uns doch die gleiche Würde zukommt. Wir verhalten uns würdelos und lassen es damit auch an der nötigen Selbstachtung fehlen. Wie sollten wir weiter von der Menschenwürde reden, wenn wir nicht auf deren Erneuerung vertrauen würden? „Der Gerechte wird aus Glauben leben" (Römer 1,17). So zitiert der Apostel Paulus das Alte Testament. Er umschreibt damit das Geschehen, in dem sich die Relationen unseres Lebens erneuern: allein aus Gnade, allein im Glauben. Luther hat daran angeknüpft: Nur deshalb, weil Gott von sich aus dem Menschen die Gerechtigkeit gewährt, zu der er von sich aus niemals fähig ist, gewinnt der Mensch eine Würde, die wirklich unantastbar ist. Denn Gott gewährt uns in Christus eine Anerkennung, die schlechthin unwiderruflich – und deshalb unantastbar – ist. Zwar leben wir davon, dass wir auch von anderen Menschen Anerkennung erfahren und ihnen Anerkennung gewähren. Doch all solche Anerkennungen sind widerrufbar und werden – oft genug – verweigert. In unantastbarer Weise Person sind wir nicht durch die Anerkennung der andern, sondern nur durch die Anerkennung Gottes. Ohne einen solchen „Externitätsbezug" (E. Jüngel) lässt sich eine radikal gedachte Unantastbarkeit unseres Personseins, unserer menschlichen Würde nicht begründen.

Trotzdem besteht natürlich die Notwendigkeit, diesem Gedanken auch eine säkulare Gestalt zu geben; sonst wäre er dem Missverständnis ausgesetzt, unantastbares Personsein und in diesem Sinn unantastbare Würde wären für Christen reserviert. Das aber widerspräche dem christlichen Bekenntnis selbst. Säkular wurde die geschilderte reformatorische Einsicht so umgeformt, dass der Mensch als das Wesen bezeichnet wurde, das von anderen niemals bloß als Mittel angesehen werden darf, sondern stets zugleich als Zweck in sich selbst betrachtet werden muss. Daraus speist sich der Gedanke, dass der Mensch in den Beziehungen seines Lebens niemals nur als Sache betrachtet werden darf, sondern als Person wahrgenommen werden muss. Er ist nicht nur ein Etwas, sondern ein Jemand – eben ein Wesen, das von sich aus zu anderen in Beziehung treten kann.

Das meinen wir, wenn wir sagen, dass wir einen Menschen niemals nur als ein (auswechselbares) Mittel, sondern stets als (nicht austauschbaren) Zweck in sich selbst achten.

Diese Achtung ist notwendigerweise wechselseitig. Unter dem Gesichtspunkt der Menschenwürde können Menschen nur dann zusammenleben, wenn sie sich im Blick auf diese Würde als gleich betrachten. Unterschiede, die zwischen ihnen bestehen, dürfen nicht so gedeutet oder ausgestaltet werden, dass sie diesen Grundsatz einer wechselseitigen Achtung als Gleiche außer Acht lassen. Diesen Grundsatz wechselseitiger Anerkennung respektiert heute auch eine rein formale philosophische Ethik, die sich jeder Bezugnahme auf das christliche Menschenbild enthält. Umso mehr sollten wir an die Wurzeln erinnern, die diese Vorstellung vom Menschen im christlichen Denken hat. Aber sie ist heute schon längst nicht mehr ein Besitz der Christen allein.

3.

Es war der Sozialphilosoph Jürgen Habermas, der darauf aufmerksam machte, dass wir bei der Verständigung über solche Fragen des Menschenbildes nicht auf die Erfahrungen und die Sprache der Religion verzichten können. Der Philosoph, der sich selbst, eine Formulierung Max Webers aufnehmend, als „religiös unmusikalisch" bezeichnet, macht Gebrauch von der Sprache der Religion und knüpft an die Rede von der Gottebenbildlichkeit des Menschen an. „Dass der Gott, der die Liebe ist, in Adam und Eva freie Wesen schafft, die ihm gleichen, muss man nicht glauben, um zu verstehen, was mit Ebenbildlichkeit gemeint ist. Liebe kann es ohne Erkenntnis in einem anderen, Freiheit ohne gegenseitige Anerkennung nicht geben. Deshalb muss das Gegenüber in Menschengestalt seinerseits frei sein, um die Zuwendung Gottes erwidern zu können. Trotz seiner Ebenbildlichkeit wird freilich auch dieser andere noch als Geschöpf Gottes vorgestellt. Hinsichtlich seiner Herkunft kann er Gott nicht ebenbürtig sein. ... Gott bleibt nur solange ein ,Gott freier Menschen', wie wir die absolute Differenz zwischen Schöpfer und Geschöpf nicht einebnen. Nur solange bedeutet nämlich die göttliche Formgebung keine Determinierung, die der Selbstbestimmung des Menschen in den Arm fällt."

Habermas anerkennt das Gewicht solcher Überlegungen und fordert geradezu, dass säkulare Mehrheiten in solchen Fragen „keine Beschlüsse durchdrücken" dürfen, „bevor sie nicht dem Einspruch von Opponenten, die sich davon in ihren Glaubensüberzeugungen verletzt fühlen, Gehör geschenkt haben; sie müssen diesen Einspruch als eine Art aufschiebendes Veto betrachten, um zu prüfen, was sie daraus lernen können." In dem von Habermas für nötig gehaltenen Dialog geht es insbesondere darum, dass eine Kultur der wechselseitigen Anerkennung und der fürsorgenden Zuwendung zueinander nicht verdrängt werden darf durch die Allmacht des Marktmodells und durch eine Vorstellung von Selbstbestimmung, in welcher der einzelne nur noch auf sich selbst bezogen ist und seinem Leben nur durch die Kalkulation des eigenen Vorteils Sinn geben kann.

Auf seine Weise plädiert auch Habermas dafür, die zwei Grundmotive unseres kulturellen Paradigmas nicht voneinander zu trennen oder gar gegeneinander auszuspielen. Sie lassen sich auf griechische Theorie und jüdisch-christlichen Glauben, auf die Hauptströme des Selbstbewusstseins und der Nächstenliebe zurückführen. Auf die Tradition der (griechischen) Philosophie geht das Motiv zurück, dass der Mensch als vernunftbegabtes Wesen zur Selbstachtung bestimmt ist. Wenn er von dieser Selbstachtung Gebrauch macht, handelt er aus Freiheit. Aber neben die Selbstachtung tritt die Achtung des andern. Neben die Liebe zu sich selbst tritt die Liebe zum Nächsten. Die Achtung vor der Integrität des andern, die Zuwendung zu ihm – selbst dann, wenn er mein Feind ist –, die Barmherzigkeit dem gegenüber, der auf Hilfe angewiesen ist: Das ist die Grundhaltung, die unserem kulturellen Paradigma durch das jüdische und christliche Ethos eingestiftet wurde.

Dieses Ethos repräsentiert alles andere als eine „Sklavenmoral". Es bestreitet gerade, dass die Unterscheidung zwischen Freien und Sklaven, zwischen Reichen und Armen, zwischen genetisch Optimierten und nicht Optimierten einen Gradualismus der Menschenwürde begründen könne. Gerade darin handelt es sich um eine Moral der Freiheit, dass sie die Freiheit jedes Menschen respektiert – auch desjenigen, der von dieser Freiheit aktuell keinen Gebrauch machen kann. Sie schaut jeden Menschen auf den möglichen Sinn seines Lebens an, weil dieser Sinn in Gottes Zuwendung zum Menschen schon Wirklichkeit ist. Auch in den embryonalen Anfängen des Menschen nimmt sie schon die Würde wahr, zu der Gott ihn bestimmt. Aus der Tatsache, dass nicht jeder Embryo sich zu einem eigenständigen menschlichen Leben entwickelt und entfaltet, leitet sie nicht ein Recht darauf ab, embryonales Leben zu beenden oder abzubrechen.

Wenn wir beide Grundströmungen unseres kulturellen Paradigmas in gleicher Weise ernst nehmen, dann heißt die Folgerung: Selbstachtung und Achtung des andern bilden zusammen die Grundprinzipien unseres Menschenbilds und unserer Rechtskultur. Der Grundsatz der unantastbaren Menschenwürde verpflichtet dazu, menschliches Leben insgesamt nicht zu instrumentalisieren, den Menschen – auch in den frühen Entwicklungsstufen des vorgeburtlichen Lebens – niemals nur als Mittel zu fremden Zwecken einzusetzen, ihn auch in den frühesten Entwicklungsstufen nicht zu „verbrauchen".

Über den Sinn der religiösen Rede in der postsäkularen Gesellschaft hat Jürgen Habermas vor allem deshalb nachgedacht, weil es in vorderster Linie auch Christen sind, die mit ausdrücklichem Verweis auf ihren Glauben für die befruchtete Eizelle im Mutterleib wie in der Petri-Schale ein Recht auf Lebensschutz reklamieren. Sie berufen sich dafür auf den in der Gottebenbildlichkeit begründeten offenen Anfang des menschlichen Lebens. Deshalb fordern sie, dass von dem frühesten Moment an, in dem die genetische Festlegung eines bestimmten menschlichen Lebens erfolgt ist, diesem entstehenden menschlichen Leben auch Respekt entgegengebracht wird. Dass dieses Leben sich über verschiedene Stufen organisch entfaltet, bevor es dann durch die Geburt zur Welt kommt, kann und soll nicht daran hindern, auch die frühen Stufen dieses Lebens an der Achtung teilhaben zu lassen, die wir dem Menschen als Person entgegenbringen. Habermas hat sich diese Überlegung zu Eigen gemacht und ausdrücklich gefordert, den Embryo „in Antizipation seiner Bestimmung wie eine zweite Person" (also wie einen Menschen, den wir mit „Du" anreden können) zu „behandeln, die sich, wenn sie geboren würde, zu dieser Behandlung verhalten könnte."

Forschungsfreiheit, Menschenwürde, Lebensschutz

Hochrangige Forschungsziele werden heute dafür ins Feld geführt, dass der Weg zur Forschung mit embryonalen Stammzellen freigemacht werden soll. Der Forschungsfreiheit soll ein so hoher Wert zukommen, dass mit ihr auch eine Einschränkung der Menschenwürde oder doch eine Abstufung des Lebensschutzes gerechtfertigt werden kann.

Forschungsfreiheit – Menschenwürde – Lebensschutz: Drei anspruchsvolle Konzeptionen werden ins Spiel gebracht. Alle drei sind in unserem Land mit grundrechtlichem Schutz ausgestattet.

1.

Die Forschungsfreiheit hat in unserer Verfassungsordnung eine ungewöhnlich starke Stellung. Sie wird nicht, wie beispielsweise die Meinungsfreiheit, durch die allgemeinen Gesetze, die allgemeinen Bestimmungen zum Schutz der Jugend oder die Rechte der persönlichen Ehre eingeschränkt. Kunst und Wissenschaft, Forschung und Lehre sind in diesem Lande schlicht frei. Diese Freiheit entbindet nicht von der Treue zur Verfassung. Aber sie kann nicht durch ein einfaches Gesetz eingeschränkt werden. Grenzen findet sie an der Würde des Menschen und an den anderen Grundrechten, nicht am einfachen Gesetz. Das hat offenkundig darin seinen Grund, dass unsere Verfassungsordnung die Forschungsfreiheit selbst als einen Ausdruck der Menschenwürde ansieht. Im Drang nach Erkenntnis und im Bemühen um besseres Verstehen äußert sich das Menschsein selbst. Denn es gehört zum Wesen des Menschen, dass er sich zu seiner Welt verhält und sie forschend zu verstehen versucht.

Auch nach evangelischem Verständnis ist dies ein Grundzug menschlicher Existenz. Wenn in der evangelischen Theologie von der „Weltlichkeit der Welt" die Rede ist, so wird damit hervorgehoben: Der Glaube, dass Gott die Welt geschaffen hat „samt allen

Kreaturen", schließt nicht aus, sondern ein, dass wir uns um das Verstehen dieser von Gott geschaffenen Welt bemühen. Die Unterscheidung zwischen dem unerforschlichen Schöpfer und seiner erforschbaren Schöpfung macht das gerade möglich. Heilig ist Gott, nicht ein ausgegrenzter Bezirk der Welt. Gott würdigt diese Welt, Ort seiner Offenbarung zu sein. Aber die Welt bleibt Welt, Gottes Schöpfung, Gegenstand menschlichen Erkennens. Glaube und Wissenschaft stehen zueinander nicht im Widerspruch. Auch aus der Sicht des Glaubens kann gesagt werden: Wer willkürlich die Forschungsfreiheit einschränken wollte, würde damit die Menschenwürde selbst angreifen.

2.

Doch zugleich gilt: Die Menschenwürde ist ein Maßstab auch für die Forschungsfreiheit. Ein Gebrauch der Freiheit zur Forschung, der die Menschenwürde selbst relativiert oder gar aushöhlt, hebt sich selbst auf. Je exponierter Forschungen sind, desto sorgfältiger ist das zu bedenken. Mit außerordentlichem Pathos sagt das Grundgesetz: „Die Würde des Menschen ist unantastbar. Sie zu achten und zu schützen ist Verpflichtung aller staatlichen Gewalt." Eine Einschränkung dieser unantastbaren Würde ist nicht vorgesehen.

Freilich gehört es auch zu dem hohen Rang der Menschenwürde, dass sie sich der Instrumentalisierung widersetzt. Wer meint, dass jede Einzelfrage unter unmittelbarem Rückgriff auf den Schutz der Menschenwürde gelöst und entschieden werden könne, läuft Gefahr, den Begriff der Menschenwürde zur billigen Münze zu machen. Ungewollt arbeitet er am Ende denen in die Hände, die sagen, der Begriff der Menschenwürde – der sich jeder abschließenden Definition entzieht – sei ohnehin nur eine Leerformel ohne praktische Bedeutung.

Deshalb hat es einen guten Sinn, wenn auf die Menschenwürde einerseits in der Begründung von Menschenrechten und Grundrechten, andererseits im Sinn einer allgemeinen Schrankensetzung Bezug genommen wird. Die Menschenwürde bildet zum einen den Begründungs- und Interpretationshorizont der Menschenrechte und Grundrechte. Und der Schutz der Menschenwürde bildet zugleich eine allgemeine Schranke für alle Ansprüche, über einen

Menschen verfügen zu wollen, ihn zum bloßen Instrument zu machen, ihn nur als Mittel zum Zweck zu benutzen. Der Begriff der Menschenwürde steht somit für Verhältnisse wechselseitiger Anerkennung, in welchen (um es mit einer berühmten Formel Kants zu sagen) die Menschheit in jedem Menschen niemals nur als Mittel, sondern stets zugleich als Zweck in sich selbst anerkannt und geachtet wird. Unverzichtbar ist der Begriff der Menschenwürde in unseren Zusammenhängen im Blick auf die Selbstzwecklichkeit des Menschen.

3.

In seiner begründenden wie in seiner grenzsetzenden Funktion hat der Begriff der Menschenrechte unbedingte Bedeutung; die Menschenwürde gilt als unantastbar. Anders verhält es sich mit dem Lebensschutz. Das Grundgesetz gibt dem gleichen Recht auf Leben und körperliche Unversehrtheit einen hohen Rang. Aber es fügt hinzu: „In diese Rechte darf nur auf Grund eines Gesetzes eingegriffen werden." Unsere Verfassungsordnung behauptet keine absolute Unantastbarkeit des menschlichen Lebens. Die Formel von der „Heiligkeit des Lebens" ist ihr fremd.

Fremd ist sie auch dem christlichen Glauben in seinem evangelischen Verständnis. Das Leben ist ihm wichtig, aber nicht in einem absoluten Sinn. Er rechnet damit, dass es gute Gründe dafür geben kann, das Leben einzusetzen. Jesu Opfertod ist zwar nicht eine Einladung zur Wiederholung. Im Gegenteil, weil Jesus „ein für allemal" starb (Römer 6,10), ist eine Wiederholung seines Opfers ausgeschlossen. Aber im Einsatz für andere das eigene Leben aufs Spiel zu setzen, bleibt eine Möglichkeit christlicher Existenz. Beispiele dafür stehen uns allen vor Augen: „Niemand hat größere Liebe als die, dass er sein Leben lässt für seine Freunde"– so sehr dieser Satz aus dem Johannesevangelium (Johannes 15,13) missbraucht wurde, so wahr bleibt er doch.

Diese christliche Einsicht spiegelt sich auch in unserer Verfassungsordnung. Sie rechnet mit der Möglichkeit des Eingriffs in das Recht auf Leben und körperliche Unversehrtheit auf Grund eines Gesetzes. Ein solcher Eingriff kann freilich nur dann überhaupt in Betracht kommen, wenn das zur Erhaltung von Leben als unabweisbar nötig erscheint. Notwehr und Nothilfe oder polizeiliches Eingreifen zur Rettung von Leben sind solche Fälle. Doch ob sich daraus eine Abstufung des Lebensschutzes ableiten lässt, muss eigens geprüft werden.

Stufen des Lebensschutzes?

Eine Schlüsselfrage der heutigen Diskussion heißt: Können Heilungshoffnungen oder andere hochrangige Forschungsziele eine Einschränkung des Lebensschutzes für Embryonen auf den frühesten Stufen ihrer Entwicklung begründen? Wer so fragt, setzt voraus, dass Embryonen auch auf den frühen Stufen ihrer Entwicklung am Schutz des menschlichen Lebens teilhaben.

Doch die Frage, welcher moralische Status dem vorgeburtlichen menschlichen Leben zukommt, ist aufs Äußerste umstritten. Während die einen den offenen Anfang der menschlichen Lebensgeschichte betonen und in der Menschwerdung des Menschen einen kontinuierlichen Prozess sehen, verstehen andere ihn als ein durch Zäsuren markiertes Geschehen. Unterschiedliche Einschätzungen biologischer Sachverhalte, aber auch unterschiedliche Interessen entscheiden dann darüber, welche dieser Zäsuren als Beginn eines menschlichen Lebens in dem Sinn angesehen wird, dass es am Würde- und Lebensschutz partizipiert. Sieben Stufen in der Frühentwicklung des menschlichen Lebens werden zu Anknüpfungspunkten für konkurrierende Antworten auf die Frage, von wann an der Mensch ein Mensch ist: die Verschmelzung von Ei- und Samenzelle, die Einnistung in die Gebärmutter am fünften bis achten Tag, der Ausschluss der Mehrlingsbildung um den dreizehnten Tag, die Ausbildung des Gehirns im dritten Schwangerschaftsmonat, die eigenständige Lebensfähigkeit, die Geburt, schließlich der Zeitpunkt im Verlauf der ersten Lebensjahre, zu dem die Fähigkeit zur Selbstbestimmung sich ausbildet. Alle sieben Vorschläge will ich ganz knapp kommentieren.

1.

Nach der ersten Antwort nimmt ein menschliches Lebewesen mit der Verschmelzung von Ei- und Samenzelle seinen Anfang. Denn damit beginnt eine neue biologische Realität mit einem eigenen Steuerungssystem und Lebensprinzip. Das genetische Programm, aus dem sich dieses Lebewesen entwickelt, ist vollständig gegeben. Also ist mit diesem Anfang ein vollständiges, in diesem Sinn auch individuelles menschliches Leben gesetzt. Wer so argumentiert, reduziert damit den Menschen nicht auf ein genetisches Programm. Er braucht auch nicht zu übersehen, dass die Befruchtung ein viel komplexerer Vorgang ist; von einer „Befruchtungskaskade" sprechen die Mediziner. Aber er sucht in dieser Kaskade einen relativ verlässlichen Haltepunkt. Und er sieht in allen folgenden Stufen der Entwicklung dieses Lebewesens keine Zäsuren, mit denen sich eine Veränderung des ontologischen Status verbindet, sondern Markierungen einer organischen Entwicklung. Dass das werdende Leben auf die Verbindung mit der Mutter angewiesen ist, kann von dieser Voraussetzung aus genauso beachtet werden wie die besondere Bedeutung der Geburt als des Datums, mit dem ein Mensch „auf die Welt kommt" und „ins Leben tritt". Aber diese Stufen sind keine Zäsuren.

2.

Eine zweite Betrachtungsweise lässt das menschliche Lebewesen mit der Einnistung in der Gebärmutter um den fünften bis achten Tag beginnen. Peter Sloterdijk hat deswegen eine „adoptionistische Theorie" der Menschenwürde vertreten und behauptet, erst mit dieser „ursprünglichen Adoption" durch die Mutter „entstehe" die Menschenwürde, sie werde dem Embryo sozusagen durch die Mutter „verliehen". Freilich ist die Vorstellung einer Verleihung durch die Mutter mit dem Gedanken einer unantastbaren Menschenwürde nur schwer zu vereinbaren. Entsprechend zweifelhaft ist es, ob man diese Theorie einer mütterlichen „Adoption" dafür heranziehen kann, die Nidation als die entscheidende Zäsur anzusehen.

Doch richtig ist: Einstweilen jedenfalls kann ein Embryo ohne eine Mutter – es braucht nicht die genetische Mutter zu sein – sich nicht zum Fötus entwickeln und schließlich geboren werden.

Indessen deutet schon die ungenaue Zeitangabe – fünfter bis achter Tag – darauf hin, dass die Nidation selbst einen Prozess und nicht eine scharfe Zäsur darstellt. Auch schon vorher wird das befruchtete Ei von der Mutter ernährt; die hormonelle Umstellung der Mutter kommt in Gang. Die Verbindung mit dem mütterlichen Organismus ist für die Entwicklung des Embryos unersetzlich. Doch das bedeutet nicht, dass die im Embryo angelegte genetische Information durch die Einnistung eine Ergänzung erfährt.

Man kann nicht leugnen, dass die Nidation im Fall der In-vitro-Fertilisation eine ganz andere Bedeutung hat als im Fall der natürlichen Zeugung. Denn nur bei der Erzeugung in der Petri-Schale besteht die Möglichkeit eines Zugriffs auf den Embryo. Doch gerade im Falle der In-vitro-Fertilisation – darauf weisen Gynäkologen hin – beginnt die Beziehung der Mutter zu dem Embryo keineswegs erst mit Implantation und Nidation. Zu den Embryonen in vitro hat die Mutter eine ausdrückliche Beziehung – oft so, dass sie ihrem Leben mit Spannung, ja mit Bangen entgegensieht. Wird sich aus ihnen nach der Implantation das ersehnte Kind entwickeln – oder werden es mehrere sein? Zum Embryo in vivo dagegen kann es diese Beziehung gerade nicht geben; denn seine Entstehung wird der Mutter erst im Nachhinein bewusst. Erst durch die Verbindung zur Mutter werde der Embryo zu einem menschlichen Lebewesen, wird gesagt; manche sind in der Konsequenz bereit, den Embryo in vitro zu Forschungszwecken freizugeben. Man muss dagegenhalten: Eine Verbindung zur Mutter – wenn man diese nicht nur als „physische Einnistung" versteht – haben gerade in vitro erzeugte Embryonen!

Für eine hervorgehobene Bedeutung der Einnistung wird schließlich auch vorgebracht, dass nidationshemmende Verhütungsmittel – insbesondere die Spirale – rechtlich und gesellschaftlich anerkannt seien. Man gerate in einen unauflösbaren Wertungswiderspruch, wenn im Blick auf die Empfängnisverhütung die Nidation als Grenze anerkannt, im Blick auf den Status eines in vitro erzeugten Embryos aber geleugnet werde. Freilich kann das auch Anlass zu der Frage sein, nach welcher Seite hin der Wertungswiderspruch aufzulösen ist. Darüber hinaus aber weist der Stand der wissenschaftlichen Diskussion aus, dass die Spirale in der Regel gar nicht nidationshemmend wirkt, sondern bereits die Verschmelzung von Ei- und Samenzelle verhindert.

So bleibt das Argument, dass ein großer Teil der im Mutterleib gezeugten Embryonen vor der Einnistung unerkannt abgeht. Man spricht von bis zu siebzig Prozent befruchteter Eizellen, deren Entwicklung dadurch abgebrochen wird. Muss man diese „Verschwendung der Natur" nicht als einen sicheren Hinweis darauf nehmen, dass der frühe Embryo eine Sache ist, die erst noch eine wichtige Schwelle überschreiten muss, um ein werdender Mensch sein zu können? Zwar war jeder Mensch in den Anfängen seiner Entwicklung eine befruchtete Eizelle; aber nicht jede befruchtete Eizelle wird zu einem Menschen. Doch diese Überlegung bezieht sich auf die befruchtete Eizelle im Mutterleib, die sich einnisten oder unerkannt abgehen kann. Sie lässt sich nicht auf eine Eizelle übertragen, die in der Petri-Schale künstlich befruchtet wird. Denn nun liegt es am menschlichen Handeln, ob sie implantiert oder anderen Zwecken zugeführt wird. Die im Mutterleib befruchtete Eizelle, die abgeht, wird nicht zu fremden Zwecken instrumentalisiert; mit dem Embryo in der Petri-Schale aber würde genau dies geschehen. Deshalb müssen wir ihn von Anfang an unter dem Gesichtspunkt betrachten, dass er ein werdender Mensch ist. Mit jeder anderen Betrachtungsweise würden wir der Instrumentalisierung menschlichen Lebens Tor und Tür öffnen.

3.

Als dritter Anhaltspunkt für den Lebensbeginn wird der Zeitpunkt genannt, zu dem die Möglichkeit einer Mehrlingsbildung ausgeschlossen ist. Dies ist ungefähr nach dem dreizehnten Tag der Embryonalentwicklung der Fall; insofern verbindet sich dieses Argument insbesondere mit der in Großbritannien zum Gesetz erhobenen Entscheidung, die Forschung an Embryonen in den ersten vierzehn Tagen ihrer Entwicklung freizugeben. Zur Begründung wird vorgebracht, von menschlichem Leben im Sinn eines individuellen Lebens vermöge man erst dann zu sprechen, wenn dieses Leben sich nicht mehr in mehrere Leben teilen könne. Denn „Individualität" bedeute „Unteilbarkeit". Dagegen ist freilich einzuwenden, dass eine solche Überlegung Individualität mit Singularität verwechselt. Es ist zudem nur schwer zu begründen, warum menschlichem Leben, das sich in mehrere Individuen teilen kann, ein geringerer Status zuerkannt wird als den daraus hervorgehenden Individuen selbst.

4.

Eine vierte Überlegung legt den Beginn menschlichen Lebens in den dritten Schwangerschaftsmonat, in dem sich die neuronalen Strukturen des Gehirns ausbilden. Man setzt den Beginn menschlichen Lebens mit dem „Hirnleben" gleich, so wie man das Ende des menschlichen Lebens mit dem „Hirntod" eintreten lässt. Hinter solchen Überlegungen steht ein ausschließlich an der Vernunftbegabung ausgerichtetes Bild vom menschlichen Leben; eine Definition des Menschen als vernunftbegabtes Lebewesen wird mit bestimmten biologischen Erkenntnissen verknüpft. Gegen eine solche Betrachtungsweise ist zum einen geltend zu machen, dass sie die Probleme der sogenannten „Hirntoddefinition" unterschätzt; auch der Gesetzgeber hat im Transplantationsgesetz nicht etwa den „Hirntod" mit dem Tod der menschlichen Person gleichgesetzt, sondern ihn lediglich als den Zeitpunkt definiert, von dem an eine Organentnahme erlaubt ist, wenn eine Zustimmung vorliegt. Zum andern ist einzuwenden, dass die Lebendigkeit des Embryos vor der Entstehung des Gehirns unzweifelhaft gegeben ist, während beim Hirntoten in der Tat alle Lebensfunktionen zum Erliegen kommen – es sei denn, sie würden künstlich durch intensivmedizinische Maßnahmen aufrechterhalten.

5.

Eine fünfte Auffassung orientiert sich am Gedanken der selbständigen Lebensfähigkeit außerhalb des Mutterleibs. Sie richtet sich an dem Zeitpunkt aus, zu dem ein Fötus im Fall einer Frühgeburt außerhalb des Mutterleibes lebensfähig wäre. Doch dieser Zeitpunkt ist sehr relativ; er hat sich mit der medizinischen Entwicklung dramatisch verschoben; im konkreten Fall hängt er von der Erreichbarkeit und Qualität der medizinischen Versorgung ab. Untrüglich wird man ein solches Datum gewiss nicht nennen können.

6.

Eine sechste Auffassung folgt der Intuition, dass das menschliche Leben mit der Geburt beginnt. Denn von der Geburt sagen wir, dass ein Mensch mit ihr ins Leben tritt. Er nimmt Beziehungen auf – zur Mutter und anderen Bezugspersonen zunächst, später zur weiteren

Gesellschaft. Bei einer solchen Betrachtungsweise wird freilich das Lebensrecht des Menschen ganz von seiner Anerkennung durch andere abhängig gemacht. Ein Lebensrecht, das von einer solchen Anerkennung unabhängig ist, wird geradezu geleugnet. Damit wird aber die Unantastbarkeit der Menschenwürde selbst zur Disposition gestellt; sie ist selbst allenfalls eine Zuschreibung, die sich aus den vorausgesetzten Anerkennungsverhältnissen ergibt, in die Menschen nur eintreten können, wenn sie geboren sind. Zu bedenken ist bei dieser Argumentation, dass es einer elementaren moralischen Einsicht – und auch der Rechtslage – widerspricht, wenn einem ungeborenen Kind bis zur Geburt jedes eigenständige Lebensrecht abgesprochen wird.

7.

Von einem analogen Einwand wird die Position getroffen, die den Beginn des menschlichen Lebens erst während der ersten Lebensjahre eintreten lässt – dann nämlich, wenn Selbstbewusstsein und damit die Fähigkeit zu eigenen Entscheidungen und zur Selbstbestimmung sich ausbilden. Alles andere hält der australische Philosoph Peter Singer beispielsweise für den Ausdruck eines Gattungsdenkens, für das schon die Zugehörigkeit zur biologischen Gattung Homo sapiens für die Erlangung von Lebensrechten ausreicht. Lebensrechte sind jedoch nach dieser Auffassung erst dann und nur für den Fall gegeben, dass ein Mensch aktuell über die Fähigkeit verfügt, für die Gestaltung seines Lebens eigene Präferenzen zu entwickeln und Optionen zu formulieren. Das darauf begründete Lebensrecht besteht auf den frühesten Stufen der menschlichen Entwicklung noch nicht; es besteht ebenso wenig in Fällen schwerster Behinderung, zum Beispiel bei Anenzephalie. Und es kann verloren gehen, wenn ein Mensch durch Krankheit oder Alter die Fähigkeit zur Selbstbestimmung einbüßt.

Gegenüber dieser Auffassung von Peter Singer muss man freilich mit besonderer Klarheit sagen, dass unter einer solchen Voraussetzung die Vorstellung von einer unantastbaren Menschenwürde selbst gegenstandslos wird.

8.

Man wird die Liste solcher vermeintlichen Zäsuren leicht verlängern können. Aus der Sicht einer Schwangeren sind ganz andere Erfahrungen in den Vordergrund zu stellen. Die Gewissheit, schwanger zu sein, ist eine solche Erfahrung; sie enthält in sich einen Appell, das werdende Kind anzunehmen; an diese Gewissheit also, nicht an den Vorgang der Einnistung, knüpft sich gegebenenfalls so etwas wie eine „Adoption" des Fötus durch die Mutter – oder eben ein Schwangerschaftskonflikt mit all den Unwägbarkeiten und Entscheidungslasten, die zu ihm gehören. Die ersten Kindsbewegungen werden von Schwangeren als ein weiterer, wichtiger Einschnitt empfunden; dadurch wird ihnen während des zweiten Schwangerschaftsdrittels die zunehmende Selbständigkeit des in ihrem Körper heranwachsenden Lebewesens bewusst. Diese beiden Erfahrungen sind ohne Zweifel einschneidend; denn von der Art ihrer Verarbeitung hängt für das Gelingen einer Schwangerschaft Entscheidendes ab. Dennoch wird keine dieser beiden Erfahrungen für die Rechtsstellung des werdenden Menschen ausschlaggebende Bedeutung haben. Aus diesen prägenden Schwangerschaftserfahrungen lassen sich keine fremden Verfügungsansprüche über werdendes Leben ableiten.

Fragend wird auf die Taufe verwiesen, der Eingliederung des Menschen in den Leib Christi, die für den christlichen Glauben eine hohe Bedeutung besitzt. Sogar den Begriff der Person hat das katholische Kirchenrecht mit der Taufe verbunden, indem es erklärte, durch die Taufe werde ein Mensch zur „Person" in der Kirche. Auch mit der Geburt hat man die Taufe verglichen – aber doch stets in dem Sinn, dass es eine „neue Geburt" sei, durch welche ein „neuer Mensch" entsteht. Dagegen liegt es einem ernst genommenen christlichen Taufverständnis fern, das Menschsein von der Taufe abhängig zu machen. Umgekehrt: es sind Menschen, denen durch die Taufe die Gewissheit vermittelt wird, dass sie geliebte Kinder Gottes sind. Wo immer man in der Geschichte des Christentums Ungetauften elementare Menschenrechte vorenthalten oder sie auf andere Weise zu Menschen zweiter Klasse erklärt hat, geschah dies stets gegen den Ursprungssinn der Taufe selbst.

9.

Im Blick auf die Frage, ob in der Entwicklung des menschlichen Lebens ein Einschnitt markiert werden kann, von dem an erst ein menschliches Lebewesen anerkannt werden kann, das Anspruch auf unseren Schutz und unsere Fürsorge hat, bleibt es also bei den sieben Konzeptionen, die ich im Vorstehenden erörtert habe. Lässt man diese Konzeptionen an sich vorüberziehen, so kann man den Eindruck nur schwer abwehren, dass jede Konzeption, die eine Zäsur in der Entwicklung menschlichen Lebens zum Markstein für die Anerkennung von Würde und Lebensschutz macht, ein großes Willkürrisiko läuft. Deshalb sollten in der ethischen Abwägung diejenigen Konzeptionen den Vorrang erhalten, die so willkürarm wie möglich sind. Das aber ist ohne Zweifel am ehesten die Konzeption, die mit dem offenen Anfang des menschlichen Lebens und seiner organischen Entwicklung argumentiert. Für sie ist die Verschmelzung von Ei- und Samenzelle der sicherste Hinweis darauf, dass ein menschliches Leben beginnt. Das Gebilde, das dadurch entsteht, enthält die volle Potentialität zur Entwicklung einer individuellen menschlichen Person. Diese Entwicklung selbst entspricht zugleich den Kriterien der Identität und der Kontinuität. Schon von diesem Anfang an sollte sichergestellt werden, dass das sich entwickelnde menschliche Lebewesen nicht als Sache behandelt wird, sondern als sich entwickelnde Person, nicht als verfügbare Biomasse, sondern als ein frühes Zeichen für das Wunder des menschlichen Lebens.

Wer die unverfügbare Würde des Menschen achtet, wird deshalb auch den offenen Anfang des menschlichen Lebens respektieren. Er wird darauf verzichten, eine bestimmte Stufe in der Entwicklung menschlichen Lebens so auszuzeichnen, dass erst jenseits dieser Stufe eine Schutzwürdigkeit dieses Lebens beginnt. Er wird auch darauf verzichten, aus den faktischen Unterschieden unserer Schutzmöglichkeiten für werdendes menschliches Leben auf prinzipielle Unterschiede in der Schutzwürdigkeit dieses Lebens selbst zu schließen. Viel eher gilt: Unsere Schutzverpflichtung für menschliches Leben reicht so weit wie unsere Schutzmöglichkeiten. Deshalb haben wir gegenüber einem in der Petri-Schale erzeugten Embryo eine Schutzverpflichtung auch auf den frühen Stufen seiner Entwicklung, auf denen ein Embryo im Mutterleib unseren Schutzmöglichkeiten noch gänzlich entzogen wäre. Oder anders und schärfer gesagt:

Daraus, dass natürlich gezeugte Embryonen vor der Einnistung in den Uterus unerkannt abgehen können, lässt sich nicht schließen, dass wir künstlich erzeugte Embryonen beliebig für verbrauchende Forschung freigeben dürften.

Dass sich in einem frühen Embryo noch nicht die Merkmale menschlicher Personalität ausgeprägt haben, braucht uns an einer solchen Betrachtungsweise nicht zu hindern. Denn es gibt auch andere Zusammenhänge, in denen wir die Personwürde des Menschen respektieren, obwohl dieser Mensch daran gehindert ist, von seiner Personalität Gebrauch zu machen. Was für Behinderung, Krankheit oder Alter gilt, kann analog auch für die frühen Stufen in der Entwicklung des menschlichen Lebens geltend gemacht werden.

Gewiss sprechen wir auf den frühen Stufen der Entwicklung eines menschlichen Lebewesen noch nicht von einer menschlichen Person. Und ebenso gewiss sprechen wir von menschlichem Leben auch schon vor der Verschmelzung von Ei- und Samenzelle. Denn diese sind auch vor ihrer Verschmelzung Träger menschlichen Lebens. Aber mit dieser Verschmelzung beginnt – jedenfalls der Möglichkeit nach – ein neues menschliches Lebewesen. Nicht alle Embryonen erhalten die Möglichkeit, sich zu entwickeln. Aber für diejenigen, die sich entwickeln können, beginnt ein bestimmtes und individuelles Leben mit der Verschmelzung als solcher. So heißt die häufig wiederholte Überzeugung, welche die Kirchen 1989 in ihrer Erklärung „Gott ist ein Freund des Lebens" ausdrücklich formuliert haben. Ebenso lautet die ausdrückliche Feststellung der Bundesärztekammer in einer Vielzahl von Erklärungen. Aus diesem Geist heraus ist auch das Embryonenschutzgesetz von 1990 formuliert; derselbe Geist spricht auch aus dem Urteil des Bundesverfassungsgerichts zum Schwangerschaftsabbruch von 1993.

In dieser Überzeugung drückt sich also ein weit gehender Konsens aus. Es ist schwer vorstellbar, dass dieser Konsens aufgekündigt wird, weil ein bestimmter Schritt der Forschung oder der Medizin-Technologie etwas anderes wünschenswert macht. Er könnte nur dann aufgekündigt werden, wenn die Argumente, mit denen dieser Konsens entwickelt wurde, als solche nicht mehr stichhaltig wären. Denn das, was im Augenblick pragmatisch als wünschenswert gilt, kann nicht die Gründe einfach gegenstandslos machen, die einen reiflich erwogenen Konsens tragen. Veränderungen solcher Einsichten sind nicht ausgeschlossen; aber sie müssen auf der Ebene herbeigeführt werden, auf der sich die Frage nach dem moralischen Status des Embryos stellt. Sie können nicht mit dem Hinweis auf Arbeitsplätze, internationale Konkurrenzfähigkeit oder Marktgesetze herbeigeführt werden. Darauf hat Bundespräsident Johannes Rau in seiner Berliner Rede vom 18. Mai 2001 nachdrücklich hingewiesen. Inzwischen hat sich die Einsicht auch weit gehend durchgesetzt, dass man den moralischen Status von Embryonen und die Schaffung von Arbeitsplätzen nicht gegeneinander aufwiegen kann.

Hoffnung auf Heilung
und wissenschaftliche Neugier

1.

Warum ist das Interesse an der Forschung mit embryonalen Stammzellen so stark, dass die Schutzvorschriften für den in der Petri-Schale erzeugten Embryo, die dem deutschen Embryonenschutzgesetz von 1990 zu Grunde liegen, inzwischen in Zweifel gezogen werden? Heilungshoffnungen mögen eine Rolle spielen; wirtschaftliche Verwertungsinteressen sind nicht auszuschließen. Aber die Heilungshoffnungen sind einstweilen unbestimmt; und wirtschaftliche Interessen können schwere ethische Bedenken nicht aus dem Feld räumen.

Der entscheidende Grund liegt, so vermute ich, darin, dass die Wissenschaft von der erstaunlichen Leistungsfähigkeit embryonaler Stammzellen fasziniert ist. Zwar sind sie nicht mehr totipotent. Aus ihnen kann also nicht ein vollständiger Mensch entstehen. Aber sie sind pluripotent. Aus ihnen können sich ganz unterschiedliche Gewebezellen entwickeln: Haut- oder Blut-, Knochenmark- oder Gehirnzellen beispielsweise. Ist die Vorstellung nicht verlockend, man könne einer Stammzelle beibringen, wie sie einen vom Menschen bestimmten Entwicklungsweg einschlagen kann, beispielsweise zu einer Gehirnzelle zu werden?

Dass diese dann zu therapeutischen Zwecken eingesetzt würde, ist nicht sehr wahrscheinlich. Denn dann müsste man konsequenterweise den Weg zum therapeutischen Klonen beschreiten, um eine embryonale Stammzelle oder spezifische Gewebezellen zur Verfügung zu haben, die mit dem Körper des Patienten verträglich sind; andernfalls sind Abstoßungsreaktionen zu befürchten. Manche, auch ich selbst, sehen darin eher eine Schreckens- als eine Heilsvision.

Deshalb liegt unter dem Gesichtspunkt der Heilungshoffnung die interessanteste Perspektive in der Forschung mit adulten Stammzellen. Sie versprechen – aber auch dies erst in weiterer Ferne – therapeutisch weit mehr als embryonale Stammzellen. Doch sie gelten als weniger leistungsfähig; denn sie sind nicht pluripotent. Aber verwandelbar sind auch sie; multipotent hat man sie deshalb bereits genannt. Die Umwandlung von Blut- in Knochenmarkzellen und umgekehrt ist beispielsweise schon als möglich erkannt worden. Die Hoffnung der Forscher auf diesem Gebiet geht dahin, dass man auch bei adulten Stammzellen der Pluripotenz nahe kommen könnte, die man sich von embryonalen Stammzellen erhofft. Dann aber befindet man sich auch hier wieder in einer Situation, in der man ethisch betrachtet die risikoärmere Lösung wählen sollte. Sie heißt: Forschung an adulten Stammzellen. Ein Forscher auf diesem Gebiet, Gerd Kempermann, hat deshalb erklärt: Nicht das deutsche Embryonenschutzgesetz, sondern der Bundeshaushalt muss geändert werden. Nicht der Import embryonaler Stammzellen, sondern die Forschung an adulten Stammzellen ist dann das Gebot der Stunde.

2.

Nach dem bisherigen Gang unserer Überlegungen widerspricht die verbrauchende Embryonenforschung dem Gebot des Lebensschutzes. Kann es dennoch eine Rechtfertigung für sie geben – die dann freilich nur durch Gesetz erfolgen könnte? Nach dem Modell der Notwehr oder der Nothilfe lässt sich eine solche Rechtfertigung nicht konstruieren. Denn bei Notwehr und Nothilfe steht individuelles Leben gegen individuelles Leben. Hier aber steht eine allgemeine und ihrer Natur nach ungewisse Hoffnung auf künftige Mittel zur Lebenserhaltung oder Lebensförderung gegen die Bewahrung und Förderung eines individuellen Lebens. Hochrangige Forschungsziele sind aber keine Rechtfertigung für das äußerste Mittel der Tötung; sie sind keine ultima ratio. Nach der Konfliktregel, die hinter den Bestimmungen zum rechtswidrigen, aber straffreien Schwangerschaftsabbruch steht, lässt sich hier erst recht nicht verfahren. Denn es handelt sich nicht um einen Konflikt zwischen einer Mutter in ihrer konkreten Lebenssituation und dem werdenden Leben. Es stehen vielmehr ein konkretes individuelles Leben und allgemeine Ziele wissenschaftlicher oder therapeutischer Art gegeneinander.

Die allgemeine, ihrem Wesen nach unbestimmte Erwartung, dass hochrangige Forschung auch der Erhaltung des Lebens oder der För-

derung von Lebensqualität zugute kommen kann, vermag den tötenden Eingriff in ein individuelles Leben nicht zu rechtfertigen. Inten-
dierte Forschungsziele enthalten in sich selbst keine ethischen Kriterien für die Vertretbarkeit der gewählten Mittel. Man kann nicht
sagen: Je höher das Forschungsziel, desto stärker relativiert sich der
Lebensschutz. Das gilt erst recht, wenn sich Forschungswege abzeichnen, die auf einen tötenden Eingriff nicht angewiesen sind.

Für eine Abstufung des Lebensschutzes argumentieren manche
mit einer Umkehrung der Beweislast. Begründungspflichtig ist nach
dieser Argumentation nicht, wer den Eingriff in den Lebensschutz
vornehmen möchte. Begründungspflichtig ist, wer ihn unterlassen
will. Denn er wird mit der Frage konfrontiert, was mit den „überzähligen Embryonen" geschehen soll. Die Antwort, sie sollten der
Forschung zugeführt werden, befriedigt nicht, weil auf keinen Fall
alle jetzt in der Welt existierenden Embryonen oder Präembryonen
zu Forschungszwecken verwendet werden können. Die Frage, was
mit ihnen geschieht, stellt sich in jedem Fall. Zugleich aber kann
man nicht ausschließen, dass die Embryonenforschung, wenn sie
erst einmal in Gang gekommen ist, nach neuen, besseren Embryonen verlangen wird. Die gezielte Herstellung von Embryonen zu
Forschungszwecken wäre die Folge.

Eine andere Testfrage gegenüber einer restriktiven Haltung heißt,
ob man von therapeutischen Möglichkeiten, die durch verbrauchende Embryonenforschung im Ausland erschlossen wurden, Gebrauch
machen würde. Antwortet der Gefragte mit „Ja", muss er sich einen
Wertungswiderspruch vorhalten lassen. Antwortet er mit „Nein",
setzt er sich dem Vorwurf aus, dass er gegen das Gebot der Lebenserhaltung, ja im Grunde gegen das Gebot der Nächstenliebe verstößt.

Aber es ist ein Fehlschluss, wenn daraus die Pflicht abgeleitet
wird, dem Verbrauch von Embryonen zuzustimmen. Denn damit
schließt man nicht etwa von einem Sein auf ein Sollen, sondern von
einem Noch-nicht-sein auf ein Sollen. Der Fehlschluss, der aus
einem Faktum auf eine moralische Pflicht schließt, wird dadurch
überboten, dass aus einer Möglichkeit eine moralische Pflicht abgeleitet wird: Weil sich daraus vielleicht therapeutische Möglichkeiten
ergeben könnten, müssten menschliche Embryonen zu Forschungszwecken verfügbar gemacht werden. Auch hier aber gilt: Der Zweck
heiligt nicht das Mittel. Das Ziel, neue therapeutische Möglichkeiten

zu erschließen, muss mit Mitteln verfolgt werden, die ethisch als vertretbar gelten können. Selbst die Annahme, dass man zur Anwendung therapeutischer Mittel verpflichtet wäre, die auf ethisch illegitime Weise zustande kamen, würde das ethische Urteil über die Mittel selbst nicht verändern.

3.

Nun wird geltend gemacht, die Verwendung von bereits existierenden embryonalen Stammzellen zu Forschungszwecken werde von dieser Überlegung nicht berührt. Die Tötungshandlung, durch die der Zugriff auf diese Zellen ermöglicht wurde, liege bereits zurück. Die Zelle als solche sei weder ein möglicher Träger von Menschenwürde noch unterliege sie dem Lebensschutz.

Dagegen ist jedoch zu bedenken: Die Nutzung embryonaler Stammzellen, auch wenn sie aus dem Ausland importiert wurden, macht sich eine Tötungshandlung zu Nutze. Zusätzlich aber kann der Gebrauch embryonaler Stammzellen eine Entwicklungsdynamik auslösen, die zur Inanspruchnahme weiterer embryonaler Stammzellen und damit auch zum „Verbrauch" von weiteren Embryonen führt. Kann die Forschung an embryonalen Stammzellen, selbst wenn sie zunächst zeitlich befristet wird, auf verlässliche Weise so eingegrenzt werden, dass die Gefahr der „slippery slope", des Ausrutschens auf einer glitschigen schiefen Ebene, damit ausgeschlossen ist? Es ist nicht eine unzulässige Dramatisierung, wenn man nach den wahrscheinlichen Szenarien fragt, die sich aus einer Zulassung des Imports von embryonalen Stammzellen ergeben würden.

4.

Die deutsche Diskussion war für eine gewisse Zeit ganz und gar auf die Frage des Imports embryonaler Stammzellen zu Forschungszwecken konzentriert. Aber man kann natürlich nicht von der Frage absehen, welche Weiterungen sich aus den Schritten ergeben können, die heute anstehen. Denn Ethik hat es immer mit der Frage zu tun, ob die voraussehbaren Folgen meines Handelns verantwortet werden können. Dass es in der Ethik immer auch um diese Frage geht, wird dadurch unterstrichen, dass wir uns angewöhnt haben, von „Verantwortungsethik" zu sprechen. Ihre Frage heißt, ob unser Tun oder Lassen angesichts seiner voraussehbaren Folgen zu verantworten ist.

Der Philosoph Hans Jonas hat im Rahmen einer solchen Verantwortungsethik zu einer „Heuristik der Furcht" aufgefordert. Er hat also dazu gemahnt, nicht nur euphorisch auf das zu schauen, was wir vom Neuen erhoffen können, sondern auch das in den Blick zu nehmen, was wir von ihm zu befürchten haben. Nun ist es gewiss keine angemessene Haltung, wenn wir angesichts des Neuen „vor Furcht erstarren", weil wir wegen des möglichen Missbrauchs besorgt sind. Sondern wir sollen seine Chancen nutzen – und dies gerade dann, wenn sich damit die Möglichkeit verbindet, schwere Krankheiten zu lindern oder gar zu heilen. Aber wir dürfen zugleich die Augen vor dem möglichen Missbrauch nicht verschließen; wir haben vielmehr denjenigen Wegen zum Neuen den Vorzug zu geben, die weniger missbrauchsanfällig sind und vor deren möglichen Folgen wir uns weniger zu fürchten haben.

Weitet man den Horizont in der beschriebenen Weise, dann muss man sich freilich auch weiterführenden Fragen stellen. Die erste Frage heißt: Welche nächsten Schritte werden auf die befristete und an strenge Bedingungen gebundene Freigabe der Forschung an embryonalen Stammzellen folgen, die der Deutsche Bundestag am 30. Januar 2002 beschlossen hat? Eine der Hauptverfasserinnen des zum Beschluss erhobenen Kompromissvorschlags, Andrea Fischer, hat schon kurz nach der Entscheidung des Parlaments eingeräumt, dass die Sorge vor weitergehenden Forderungen keineswegs unbegründet ist. „Empirisch spricht viel für diese Sorge, die Medizingeschichte bietet dafür viele Belege. Und die Reaktion der Forschung auf den Beschluss des Bundestages bestätigt die Befürchtung, hier sei der Einstieg in mehr vorprogrammiert, auch wenn derzeit noch einige ethische Rücksichten genommen werden. Die Abgeordneten werden von einer Nobelpreisträgerin als inkompetent beschimpft, sie werden als halbherzig denunziert, und wieder ist das ‚Noch nicht' der Deutschen Forschungsgemeinschaft im Raum, werden schon weitergehende Forderungen erhoben …". Solche Reaktionen verstärken die Sorge, es handle sich vielleicht nur um einen Zwischenschritt, auf den die verbrauchende Forschung an Embryonen folgen wird.

Man muss aber auch weiter fragen: Welche anderen Schritte schließen sich an: Präimplantationsdiagnostik, therapeutisches Klonen, reproduktives Klonen? Und wenn auf diese Weise die frühen Stufen des menschlichen Lebens dem wissenschaftlichen Zugriff ausgeliefert werden, was wird sich daraus für die späten Stufen unseres Lebens ergeben? Werden wir eines Tages der Auffassung sein, dass wir sowohl über die genetische Ausstattung unserer Nachkommenschaft als auch über den Zeitpunkt und die Art unseres eigenen Todes selbst zu bestimmen haben? Derartige Fragen zu stellen heißt, sich deutlich zu machen: Im Umgang mit dem heute wissenschaftlich und medizinisch Möglichen entscheiden wir zugleich über unser Bild vom Menschen.

5.

Zusammenfassend halten wir fest: Wer die unverfügbare Würde des Menschen achtet, wird auch den offenen Anfang des menschlichen Lebens respektieren. Er wird darauf verzichten, eine bestimmte Stufe in der Entwicklung menschlichen Lebens so auszuzeichnen, dass erst jenseits dieser Stufe eine Schutzwürdigkeit dieses Lebens beginnt. Er wird auch darauf verzichten, aus den faktischen Unterschieden unserer Schutzmöglichkeiten für werdendes menschliches Leben auf prinzipielle Unterschiede in der Schutzwürdigkeit dieses Lebens selbst zu schließen. Viel eher gilt: Unsere Schutzverpflichtung für menschliches Leben reicht so weit wie unsere Schutzmöglichkeiten. Deshalb haben wir gegenüber einem in der Petri-Schale erzeugten Embryo eine Schutzverpflichtung auch auf den frühen Stufen seiner Entwicklung, auf denen ein Embryo im Mutterleib vor der Nidation unseren Schutzmöglichkeiten noch gänzlich entzogen wäre. Oder anders und schärfer gesagt: Daraus, dass natürlich gezeugte Embryonen vor der Einnistung in den Uterus unerkannt abgehen können, lässt sich nicht schließen, dass wir künstlich erzeugte Embryonen beliebig für verbrauchende Forschung freigeben dürften.

An die Möglichkeiten der Stammzellenforschung, die sich gegenwärtig abzeichnen, knüpfen sich große Heilungshoffnungen. Das christliche Menschenbild bekräftigt den Versuch, solche Hoffnungen und Erwartungen zu erfüllen. Denn heilendes Handeln gehört zu den gewiesenen Antworten auf das Gebot, den Nächsten zu lie-

ben. Aber das christliche Menschenbild verhilft zugleich zu dem notwendigen Abstand von der Vorstellung, der Mensch selbst lasse sich durch gentechnische Eingriffe und medizinische Heilerfolge perfektionieren.

Manche Diskussionsbeiträge überbieten aber die Hoffnung auf Heilung durch die Hoffnung auf Optimierung. Sie glauben, die Kontingenz der menschlichen Biographie durch die Optimierung der menschlichen Gene überlisten zu können. Sie fallen damit gerade in den Irrglauben zurück, der Mensch sei identisch mit der Summe seiner Gene. Sie machen damit den optimierten Menschen zu einer Sache, zum Resultat bewusster Planung, zum Objekt planmäßiger Herstellung. Die jeder Planung und Verfügung entzogene Individualität und damit ein wesentliches Element am Personsein des Menschen würde indessen aufs Spiel gesetzt, wenn diese Vorstellung von der Optimierung des Menschen sich durchsetzen würde. Gewiss wären wir verpflichtet, auch einen vermeintlich gentechnisch optimierten Menschen als Person anzuerkennen, obwohl er zum Gegenstand menschlichen Herstellens gemacht wurde. Trotzdem wäre unser Bild vom Menschen als Person dadurch tief greifend in Frage gestellt. An keinem Konzept zeigt sich eindringlicher als an diesem Konzept der Optimierung, in welch elementare Fragen unseres Menschenbilds wir durch die gegenwärtigen Entwicklungen im Überschneidungsbereich von Gentechnologie und Reproduktionsmedizin hineingeführt werden.

Vor allem ist zu bedenken: Die Vorstellung von einer genetischen Optimierung des Menschen führt unausweichlich in das Bild einer Zwei-Klassen-Gesellschaft hinein, die in Optimierungsgewinner und Optimierungsverlierer geteilt ist. Damit würde eine elementare Voraussetzung menschlichen Zusammenlebens in Frage gestellt, in der wir gerade eine der großen Errungenschaften der Moderne sehen können. Unser Miteinander gründet in der Überzeugung, dass wir uns wechselseitig Anerkennung und Achtung schulden. Das ist deshalb möglich, weil wir unsere gemeinsame Zugehörigkeit zur Menschengattung, zu dem, „was Menschenantlitz trägt", unseren Unterschieden vorordnen. Unsere Gleichheit als Menschen genießt den Vorrang vor den Unterschieden, die sich aus Geburt und Geschlecht, genetischer Ausstattung und biographischen Chancen ergeben. Die Möglichkeit einer genetischen Programmierung des Menschen aber hebt diese Gleichheit und damit auch die

Möglichkeit der wechselseitigen Anerkennung an einer entscheidenden Stelle auf.

Die Abhängigkeit der Kinder von ihren Eltern ist normalerweise zeitlich befristet. Sie kann sich sogar umkehren, wenn die alt gewordenen Eltern auf die Fürsorge ihrer Kinder angewiesen sind (das ist das ursprüngliche Thema des vierten Gebots, „Du sollst Vater und Mutter ehren."). Aber der genetische Paternalismus, der sich jetzt als Möglichkeit auftut, ist unumkehrbar. Er ist, wie Jürgen Habermas dargelegt hat, auch nicht gleichzusetzen mit der genealogischen Abhängigkeit der Kinder von ihren Eltern. Denn sie determiniert, wie wir alle wissen, nicht irgendeine qualitative Bestimmung der Kinder; auch musikalische Eltern verfügen nicht darüber, dass ihre Kinder musikalisch hoch begabt sein werden. In der genealogischen Abhängigkeit werden Kinder geboren; in der genetischen Abhängigkeit werden Kinder gemacht. Dieser Abhängigkeit des Machens können Kinder nie entkommen; sie können nur dagegen revoltieren. Die Klage von Kindern gegen ihre Eltern wegen der falschen Wahl ihrer genetischen Ausstattung ist die zwangsläufige Folge. Sie werden revoltieren, weil sie spüren: Sie mögen als Sache perfekter ausgestattet sein, als sie ohne diese genetische Manipulation wären; aber eine wichtige Voraussetzung ihres Personseins ist in Frage gestellt. Ihr Anspruch auf wechselseitige Anerkennung als freie Subjekte ist zweifelhaft, weil sie von Anfang an in eine asymmetrische Abhängigkeit hineingestoßen sind, der sie sich nicht zu entziehen vermögen. „Du hast ihn wenig niedriger gemacht als Gott", heißt es im 8. Psalm über den Menschen. Das Vorhaben, Menschen nach Plan genetisch zu entwerfen, widerspricht dieser Zusage.

Nicht Fortschrittsfeindlichkeit oder Abkehr von den staunenswerten Entwicklungen der Wissenschaft ist die Folge aus einer solchen skeptischen Überlegung. Sondern die Folgerung heißt: Mut zur Wahl. Verlangt wird von uns die Bereitschaft, unter den möglichen Entwicklungsrichtungen des wissenschaftlichen Fortschritts diejenigen auszuwählen, die in den Dienst der Menschlichkeit des Menschen treten können. Wer die Forschung an menschlichen Embryonen ablehnt und der Tragfähigkeit der jetzt in Deutschland eingeschlagenen Kompromisslinie sehr skeptisch gegenübersteht, tut das nicht – oder doch nicht notwendigerweise – aus Forschungsfeindlichkeit. Er kann es beispielsweise mit dem Plädoyer dafür verbinden, dass die Berücksichtigung ethischer Kriterien von der deutschen

x dem erwachsenen Menschen
entnommen

Forschung als Qualitätsmerkmal betrachtet werden sollte. Und er kann sich auf die Seite derer stellen, die in der Forschung mit adulten Stammzellen weitere Fortschritte erhoffen – Fortschritte übrigens, die eher als im Fall der embryonalen Stammzellen auch wirkliche Heilungschancen erschließen können.

6.

Hubert Markl, den ich an anderer Stelle mit einem neueren Beitrag zu unserem Thema zitiert habe, hat am 24. Dezember 1983 einen Aufsatz veröffentlicht, der unter dem Titel stand: „Die Zukunft ist kein Besitz". Der Mensch, so sagt Markl, unterscheidet sich vom Tier gerade dadurch, dass er nicht alles machen darf, was er kann. Denn der Mensch folgt Normen, das Tier nimmt Möglichkeiten wahr. Die Freiheit der Forschung, so argumentierte Markl damals, unterliegt drei elementaren Normen: Sie darf sich nicht anmaßen, alles Leben zu zerstören. Sie darf auch nicht große Teile der Biosphäre verwüsten und viele Arten von Lebewesen innerhalb weniger Menschengenerationen vernichten. Sie darf schließlich aber auch nicht die menschliche Fortpflanzung künstlich manipulieren und gezielt in den Bestand und die Vermehrung menschlicher Erbanlagen eingreifen. Der Mensch, so fügte Markl hinzu, beginnt sein Dasein nicht erst dann, wenn er ins standesamtliche Geburtsregister eingetragen wird.

Heute verfügen wir über ganz andere Möglichkeiten als 1983. Aber es bleibt unverändert unsere Pflicht, das menschliche Leben auch in den Stadien zu achten, in denen es noch nicht ins standesamtliche Geburtsregister eingetragen ist.

Schwangerschaft auf Probe?

1.

Die Konzentration der in Deutschland geführten Diskussionen auf die Fragen der Forschung mit embryonalen Stammzellen oder der Präimplantationsdiagnostik enthält beunruhigende Engführungen, die wenigstens genannt werden müssen. Denn die Entwicklung der „Lebenswissenschaften" wird damit ganz und gar unter die Perspektive derjenigen Fortschritte gerückt, von denen in erster Linie die reichen Länder der Erde – und auch in ihnen oft nur ein kleiner Teil der Menschen – Gebrauch machen können. Die Frage, was die Wissenschaft für das Überleben und für die Gesundheit der großen Mehrheit der Weltbevölkerung leisten kann und sollte, tritt in den Hintergrund.

Verengend ist die Perspektive aber auch im Blick auf Medizin und ärztliches Handeln. Deren naturwissenschaftlich-technische Aspekte rücken einseitig in den Vordergrund. Dass ärztliches Handeln nicht nur mit Technik, sondern auch mit Empathie, nicht nur mit Wissenschaft, sondern auch mit Weisheit zu tun hat, wird kaum wahrgenommen. Vor allem wird zu wenig erörtert, dass gerade die neuen Möglichkeiten der Pränataldiagnostik und gegebenenfalls auch der Präimplantationsdiagnostik dann ganz und gar unverantwortbar sind, wenn sie nicht in einen Prozess umfassender Beratung eingeordnet und in diesem Sinn nicht auf ärztliche Weisheit bezogen werden. Sie verstärken dann eine Tendenz zur „Schwangerschaft auf Probe". Pränataldiagnostik, Präimplantationsdiagnostik und Schwangerschaftskonflikt sind die Problemfelder, an denen sich entscheidet, ob sich eine solche Tendenz weiter verstärkt.

2.

Ohne Zweifel hat in der Pränataldiagnostik während der letzten Jahrzehnte ein Paradigmenwechsel stattgefunden. Pränatale Therapiemöglichkeiten haben sich durch die Verbesserung der Diagnosemöglichkeiten erweitert. Ins Zentrum der Aufmerksamkeit ist – nahezu allein – die Frage getreten, wann die Pränataldiagnose im Blick auf genetische Fehlbildungen, insbesondere im Blick auf das Vorliegen von Erbkrankheiten, eingesetzt und welche Folgerungen aus ihr gezogen werden sollen. Aus dem Gesamtbereich der Pränataldiagnostik ist das nur ein enger Ausschnitt. Aber er wirft die schwierigsten ethischen Fragen auf.

Geklärt werden muss zunächst, ob der Paradigmenwechsel der medizinischen Möglichkeiten auch einen Paradigmenwechsel der ethischen Beurteilungskriterien nach sich zieht. Das ergibt sich keineswegs zwingend. Eine ethische Beurteilung der Pränataldiagnostik, die beispielsweise allein von dem Bestimmungs- und Verfügungsrecht der Mutter, der Eltern oder auch der Gesellschaft über den Embryo im Mutterleib ausgehen und den Einsatz von Pränataldiagnostik und die Folgerungen aus ihr allein an den entsprechenden Interessen orientiert, folgt nicht zwangsläufig aus den neuen medizinischen Möglichkeiten selbst. Sie hat ihre Grundlage in bestimmten gesellschaftlichen Wertentscheidungen, die Gegenstand der gesellschaftlichen Debatte sind und sein müssen.

Die Möglichkeiten der Pränataldiagnose heben das Prinzip der Personwürde nicht auf. Es geht vielmehr auch weiterhin im Umgang mit werdendem Leben, um die Achtung vor menschlichem Leben und um den Schutz der Personwürde. Auch in seiner biologischen Anfangsgestalt hat menschliches Leben an diesem Achtungsanspruch teil. Es gibt keine eindeutigen Abgrenzungskriterien, die dem Embryo insgesamt oder einer bestimmten Phase der embryonalen Entwicklung mit solcher Eindeutigkeit einen nur vorpersonalen Status zuweisen könnte, dass dieser Achtungsanspruch dadurch hinfällig würde. Für einen ethischen Paradigmenwechsel, der den medizinischen Umgang mit dem Embryo vollständig den Interessen der Mutter, der Eltern oder der Gesellschaft unterordnet, gibt es also keine Rechtfertigung.

Mit der Erweiterung pränataler diagnostischer und therapeutischer Möglichkeiten erweitert sich auch das Ausmaß, in welchem das ungeborene Lebewesen in einem umfassenden Sinn zum ungeborenen Patienten wird. Gezielte Hilfeleistung und Krankheitsverhinderung beziehungsweise Krankheitslinderung bestimmen deshalb auch die Aufgabe ärztlichen Handelns. Das ärztliche Ethos ist ungeschmälert auch auf den ungeborenen Patienten anzuwenden.

wirklich jedes Leben?

Ärztliches Handeln steht hier ebenso wenig wie sonst unter dem Imperativ, Leben zu verhindern oder zu beenden. Sondern sein Imperativ heißt, Leben zu erhalten und zu fördern. Das Sterbenlassen wird hier wie in anderen Zusammenhängen dann verantwortbar, wenn gezielte Maßnahmen der Lebenserhaltung oder Lebensverlängerung keine Aussicht auf Erfolg haben.

Noch immer gibt es auf der einen Seite eine Haltung, die der pränatalen Diagnostik ablehnend gegenübersteht. Sie kann nicht zum allgemeinen ethischen Maßstab erhoben werden. Dass bisher vertraute pränatale Diagnosemaßnahmen – vom Horchen bis zum Ultraschall – ethisch erlaubt, die pränatale Chromosomendiagnostik dagegen untersagt werden soll, ist nicht zu begründen. Es ist auch nicht zu verkennen, dass in vielen Fällen gerade die Bejahung und Annahme einer Schwangerschaft durch pränatale Diagnostik erleichtert oder ermöglicht wird. Das gilt insbesondere in den Fällen, in denen wegen einer Chromosomenfehlverteilung in der Familie oder bei einem bereits geborenen Kind eine erhöhte Sorge begründet ist. Es gilt auch bei dem altersbedingt erhöhten Risiko für eine Chromosomenfehlverteilung bei Müttern über 35 Jahre. Die pränatale Diagnostik trägt hier in der weit überwiegenden Zahl der Fälle dazu bei, dass eine Schwangerschaft zu einer „guten Hoffnung" wird. Das ist ethisch nicht zu verurteilen.

Unverkennbar besteht auf der anderen Seite eine Tendenz dazu, die Pränataldiagnostik allgemein verpflichtend zu machen und bei diagnostizierten genetischen Belastungen einen Schwangerschaftsabbruch als die zwangsläufige und unausweichliche Folge anzusehen. Sozialer oder persönlicher Druck weisen in diese Richtung. Damit wird eine Grundfrage des Menschenbilds aufgeworfen. Sie richtet sich darauf, ob nur das intakte, unbeschädigte, unversehrte Leben als menschenwürdig und lebenswert angesehen wird. Wäre das der Fall, dann würde die Pränataldiagnostik eine eugenische Denkweise befördern, die nun nicht durch staatliche Eugenikprogramme veranlasst, sondern durch einen Wandel gesellschaftlicher Einstellungen herbeigeführt wird.

Ohne Zweifel befördert freilich das medizinisch Mögliche einen solchen Einstellungswandel. Deshalb müssen auch Wissenschaftler und Ärzte selbst sich an dem Diskurs über die Frage beteiligen, ob ein solcher Einstellungswandel ethisch vertretbar ist. Gegen ihn ist insbesondere einzuwenden, dass dadurch die Würde der menschlichen Person im Ergebnis doch mit ihrer genetischen Ausstattung gleichgesetzt wird. Gegen ihn ist auch geltend zu machen, dass das beschädigte, beeinträchtigte, verletzte und verletzliche Leben gerade ohne Einschränkung als menschliches Leben geachtet und gewürdigt werden muss. Aus diesem Grund ist es sehr gut nachzuvollziehen, wenn Behinderte den medizinischen Einsatz von Pränataldiagnostik wie den gesellschaftlichen Umgang mit ihr als einen versteckten oder offenen Angriff auf ihre eigene Personwürde wahrnehmen oder deuten.

Ethisch verantwortbar ist die Pränataldiagnostik nur, so lange ihr Ziel, Leben zu bewahren, heilbare Krankheiten zu heilen und unheilbare Krankheiten in ihren Auswirkungen zu begrenzen, unzweideutig im Vordergrund steht. Diese Zielsetzung erfordert, dass Ärzte aus verantwortungsethischen Gründen eine Mitwirkung dort ablehnen, wo Frauen oder Paare eine Schwangerschaft nur dann akzeptieren, wenn das von ihnen gewünschte Geschlecht des Kindes oder konkrete Bedingungen im Blick auf die genetische Ausstattung des Kindes erfüllt sind.

Eine eugenische Fehlorientierung wurde bis zum Jahr 1995 deshalb befürchtet, weil die gesetzlichen Regelungen zum Schwangerschaftsabbruch eine eigenständige embryopathische, oft auch als eugenisch bezeichnete Indikation kannten. Vor allem der Protest aus Behindertenverbänden, auch Stimmen aus den Kirchen trugen dazu bei, dass diese embryopathische Indikation in der seit 1995 geltenden Regelung des Schwangerschaftskonflikts nicht mehr enthalten ist. Nun ist es die Aufgabe des Arztes, bei einem embryopathischen Befund eine „medizinische Indikation" im Blick auf die Mutter zu stellen, die darauf abhebt, dass für die Schwangere ein Leben mit dem behinderten Kind eine unzumutbare Belastung und damit eine gesundheitliche Beeinträchtigung darstellen werde. Ein Schwangerschaftsabbruch ist unter diesen Bedingungen bis zur Geburt straffrei. Damit dehnt sich de facto der Bereich einer embryopathischen Indikation auf die gesamte Zeit der Schwangerschaft aus. Ich halte das für eine dramatische Fehlentscheidung des Gesetzgebers. Die Tötung lebensfähiger Menschen in der Spätphase der Schwangerschaft wurde dadurch legitimiert. In der Absicht, einer Abwertung des Lebens von Behinderten entgegenzutreten, wurde dieser in Wahrheit der Weg geebnet. Legale Abtreibungen sind dadurch auch noch zu einem Zeitpunkt möglich, zu dem der Fötus lebensfähig ist. Nun kann es dazu kommen, dass Abtreibungen in der Hoffnung vorgenommen werden, der Fötus sei tot. Es gibt Fälle, in denen Föten, die auf dem Wege der Abtreibung zur Welt gekommen sind, überleben und dann am Leben erhalten werden. Wird man umgekehrt eines Tages sagen, dass im Fall schwerer Behinderung auch noch nach der Geburt die Tötung erlaubt ist? Werden wir in eine Situation geraten, in welcher sich der Übergang von pränataler zu postnataler Selektion als gleitend erweist?

Pränatale Diagnostik ist nur zu verantworten, wenn ihr Einsatz klar begrenzt ist, wenn Eltern nicht genötigt werden, von ihr Gebrauch zu machen, und wenn sie in eine umfassende Information und Beratung eingebettet ist. Der pränatalen Diagnostik muss eine Information vorausgehen, die der Schwangeren die Möglichkeit gibt, darüber zu entscheiden, ob sie die Diagnostik in Anspruch nehmen will. Ihr muss insbesondere dann, wenn ein Krankheitsbefund erhoben wurde, eine eingehende Beratung folgen, mit deren Hilfe die Schwangere – gemeinsam mit dem Vater – entscheiden kann, ob sie die Schwangerschaft weiter austragen kann oder sich zu einer Beendigung der Schwangerschaft genötigt sieht.

Man pflegt hervorzuheben, dass es sich dabei um eine Gewissensentscheidung der Schwangeren handelt, und spricht deshalb von einer nicht-direktiven Beratung. Das verdient Zustimmung, insofern dadurch das Selbstbestimmungsrecht der Schwangeren in den Blick gerückt wird, die selbst zu einer verantwortlichen Entscheidung finden muss. Doch der aus dem Bereich der Psychotherapie stammende Begriff des Nicht-Direktiven lässt sich auf diese Situation genauso wenig übertragen wie übrigens auf wichtige Bereiche der sozialen Arbeit, in der das auf dieser Vorstellung beruhende Konzept der „akzeptierenden Sozialarbeit" manches Unglück angerichtet hat. Auch in diesem Fall muss man berücksichtigen, dass schwangere Frauen, die unsicher sind oder gar mit einer kritischen Diagnose umgehen müssen, auf kompetenten Rat warten, über dessen Grundlagen sie aufgeklärt werden. Sie erwarten durchaus Direktiven, wenn auch katalytisch und nicht autoritär. Das Nicht-Direktive, welches alle Kreativität der Klientin oder dem Klienten aufbürdet, kann eine „versteckte Form von autoritärer Unbarmherzigkeit" (D. Ritschl) sein. In vielen Fällen empfiehlt sich ein Zusammenwirken von ärztlicher und seelsorgerlicher Beratung. Aus christlicher Sicht ist auf dem Weg zu der notwendigen Entscheidung nicht so sehr der klini-

das dürfte oft schwer sein!

sche Psychologe vonnöten als vielmehr eine Seelsorgerin oder ein Seelsorger, die Menschen den Zugang zur göttlichen Lebensweisheit erschließen, weil sie die Bibel und die Menschen kennen. Je weiter die wissenschaftlichen Möglichkeiten voranschreiten, desto mehr wird auch von solcher Weisheit nötig sein.

3.

X werden die Eltern später diese Beratung und Hilfe an die finden?

Wenn sie in sorgfältige und einfühlsame Beratung eingebettet ist, kann die Pränataldiagnostik in einer weit überwiegenden Zahl der Anwendungsfälle Ängste der Eltern vor einer zu befürchtenden Behinderung abbauen und so zur Bejahung des werdenden Lebens ermutigen. Wenn sie in eine vernünftige Beratung eingebettet ist, kann dies auch dazu führen, dass Eltern auf eine pränatale Diagnostik verzichten, weil die Annahme des werdenden Lebens für sie ohnehin außer Zweifel steht. In Fällen schwerster und unheilbarer Behinderung, die den sicheren Tod des Kindes nach seiner Geburt erwarten lässt, kann sie Eltern vor traumatischen Erfahrungen bewahren.

Doch vielfach wird die pränatale Diagnostik in einen verhängnisvollen Deutungszusammenhang gerückt. Sie wird mit einer Logik verbunden, nach welcher in den Fällen, in denen schwerwiegende genetische Defekte festgestellt werden, der Schwangerschaftsabbruch als zwingende Konsequenz gilt. Eltern, die diesen Schritt nicht gehen, sehen sich in ihrer Umgebung mit dem offenen oder unterschwelligen Vorwurf konfrontiert, verantwortungslos zu handeln, indem sie ein behindertes Kind zur Welt bringen. Und Behinderte spüren dann den Blick, der ihnen sagt: „Eigentlich hättest du doch nicht zur Welt kommen sollen." Damit verbindet sich eine wachsende Tendenz, die Pränataldiagnostik als Selektionsinstrument einzusetzen. Eltern lassen sich dann nur „zur Probe" auf die Schwangerschaft ein, und die Diagnostik wird, wie Ärzte das selber beschreiben, als „Post-Nidationsdiagnostik" eingesetzt, auf deren Grundlage über die Fortführung der Schwangerschaft möglichst bald nach der Einnistung der befruchteten Eizelle in die Gebärmutter entschieden wird. Und dann mag ja ein neuer Versuch einer „Schwangerschaft auf Probe" folgen.

Ein Gynäkologe hat das einmal so beschrieben: „Mein Beruf verwandelt sich in einen Dienstleistungsberuf. Es wird mir vorher gesagt, welche Dienstleistung von mir verlangt wird, und wenn ich bei einer älteren, nicht mehr ganz jungen Frau darauf hinweise, welche Probleme beispielsweise mit dem Down-Syndrom verbunden sein können, antwortet sie: ‚Das haben wir doch im Griff! Wir machen eine Schwangerschaft auf Probe und schließen dann diese Gefahr zum frühest möglichen Zeitpunkt aus.'"

Ein solches Vorgehen trägt bereits den Charakter einer aktiven Selektion, eines Einsatzes der Pränatal- oder Post-Nidationsdiagnostik zu Zwecken der Selektion, geleitet von der Vorstellung eines „Lebens nach Wahl". Es erscheint nur als folgerichtig, wenn ihm in der Debatte über die aktive Sterbehilfe die Vorstellung eines „Todes nach Wahl" symmetrisch zur Seite tritt. Doch „Leben nach Wahl" wie „Tod nach Wahl" heben das Besondere der menschlichen Lebensgeschichte auf. Sie tasten das Geheimnis der Person an.

4.

Bei der Präimplantationsdiagnostik verschärfen sich diese Probleme. Sie ist gegen die Tendenz zu einer aktiven Selektion menschlichen Lebens schlechterdings nicht abzugrenzen. Mit ihr würde bestätigt, was sich auch als bedenkliche praktische Folge der Pränataldiagnostik schon abzeichnet: Behindertem Leben wird nur ein geminderter Lebensschutz zuerkannt. Diese Tendenz ist jedoch ethisch unvertretbar und menschlich unerträglich. Es ist nicht sehr wahrscheinlich, dass diese Gefahren dadurch in Grenzen gehalten werden können, dass der Einsatz der Präimplantationsdiagnostik auf wenige Fälle beschränkt bleibt, in denen eine schwere erbliche Belastung der Eltern vorliegt. Schon aus Gründen der Gleichbehandlung werden auch andere Eltern, die eine In-vitro-Fertilisation in Anspruch nehmen, ebenfalls auf die Durchführung der Präimplantationsdiagnostik drängen.

Darüber hinaus muss man berücksichtigen, dass – ebenfalls aus dem Grund der Gleichbehandlung – auch Mütter, die nicht unter lang anhaltender Kinderlosigkeit leiden, eine In-vitro-Fertilisation mit Präimplantationsdiagnostik fordern können.

Heute wird häufig gefragt, wie man denn Frauen, die auf eine künstliche Befruchtung warten, erklären solle, dass ein genetischer Test erst im dritten Monat der Schwangerschaft und nicht am vierten oder fünften Tag der künstlichen Befruchtung stattfinden könne. Das Argument wird sich umkehren: Mütter, die spontan schwanger geworden sind oder auf „natürliche" Weise schwanger werden können, werden fragen, warum sie an dem Verfahren der Präimplantationsdiagnostik nicht teilhaben dürfen – nur weil sie nicht von Unfruchtbarkeit betroffen sind. Eine solche Überlegung unterstreicht, dass die Präimplantationsdiagnostik der endgültige Einstieg in eine aktive Selektion wäre, bei der nun freilich nicht mehr der Staat, sondern die Einzelnen über die Unterscheidung zwischen lebenswertem und lebensunwertem Leben verfügen würden, ganz nach Jim Watsons Vision. Nicht nur dass Kinder gewünscht werden, sondern welche Kinder gewünscht werden, wäre dann die Ausdrucksform dessen, was früher „Kinderwunsch" hieß. Die Feststellung von Peter Sloterdijk, dass – jedenfalls in unserem Teil der Erde – zum ersten Mal in der Geschichte die Mehrheit der Kinder, die zur Welt kommen, willkommene Kinder sind, würde sich nicht nur auf die Tatsache beziehen, dass sie auf die Welt kommen, sondern auch auf die Ausstattung, mit der sie auf die Welt kommen.

Das ist ein schreckliches Szenario, das mit der Achtung vor der unantastbaren Würde des Menschen schlechterdings unvereinbar ist. Und jeder, der bestimmte Entscheidungen jetzt fordert, muss auch deren Konsequenzen bedenken. Dem gerade geschilderten Szenario wird entgegengehalten, es sei wahrscheinlicher, dass man die Anwendung der Präimplantationsdiagnostik dauerhaft auf relativ wenige Fälle beschränkt. Ich weiß nicht, worauf diese Annahme sich stützt. Ich rechne vielmehr in diesem Fall erst recht mit dem „Rubikon-Argument": Wer der Präimplantationsdiagnostik überhaupt stattgegeben hat, muss auch ihre Ausweitung hinnehmen. Ich weiß freilich nicht, wie man einer solchen Entwicklung entgegentreten soll, wenn man nicht auch unseren Umgang mit der In-vitro-Fertilisation und der Pränataldiagnostik verändert.

5.

Die Einsichten und Erfahrungen, die wir durch die neuartigen Fragestellungen des Embryonenschutzes im Zusammenhang mit der embryonalen Stammzellenforschung gesammelt haben, müssen in ihren Konsequenzen für ein älteres Problem bedacht werden, nämlich für den pränatalen Lebensschutz im Mutterleib. Zu den bleibenden Einsichten aus der Diskussion der letzten Jahrzehnte gehört für mich die Überzeugung, dass die Probleme des Schwangerschaftskonflikts von der Aufgabe her zu betrachten sind, Leben zu fördern und zu bewahren. Das aber ist nur mit der Mutter und nicht gegen sie möglich; denn es handelt sich bei der Schwangerschaft um ein gemeinsames Werden von Mutter und Kind. Deshalb kann das Strafrecht nicht den Angelpunkt für eine Lösung bilden; es bietet allenfalls Grenzmarkierungen. Wirksame Hilfen sind entscheidend dafür, dass die Schwangerschaft als ein Lebensverhältnis eigener Art gelingt. Zu beachten ist auch der innere Zusammenhang zwischen dem Schutz des ungeborenen und dem Schutz des geborenen Lebens. Das alles ist bei den Beratungsgesprächen zu beachten, die vom geltenden Recht für den Fall vorgeschrieben sind, dass Frauen – ohne zwingende medizinische Indikation – innerhalb der ersten drei Schwangerschaftsmonate einen Schwangerschaftsabbruch in den Blick nehmen. Trotz des punktuellen Charakters dieser Beratungsgespräche muss es darum gehen, wie der Rat, der aus ihnen hervorgeht, die nötige Nachhaltigkeit gewinnen kann.

Aus der Überzeugung, dass die Schwangerschaft nur mit der freien Einstimmung der Mutter und nicht gegen sie gelingen kann, beteiligt sich die Evangelische Kirche an der gesetzlich vorgeschriebenen Beratung. Sie tut es mit dem Ziel, dem Schutz und der Erhaltung des Lebens zu dienen. Sie tut es ergebnisoffen, insofern am Ende der Beratung die eigene Gewissensentscheidung der Mutter stehen muss. Sie tut es in der Hoffnung, dass Väter sich der Verantwortung für das miteinander gezeugte menschliche Leben nicht entziehen. Zu evangelischer Beratung gehört es, dass Frauen eine Perspektive für den Fortgang ihres Lebens eröffnet wird – eine Perspektive mit dem Kind, aber auch eine Perspektive, falls sie sich zum Abbruch der Schwangerschaft entscheidet. Deshalb schlage ich vor, dass am Ende des Beratungsprozesses ein Beratungsbrief stehen sollte, der für den einen wie für den anderen Fall konkrete Hilfen und Möglichkeiten der menschlichen Begleitung darlegt.

Die Einstellung der evangelischen Kirche zur Schwangerschaftskonfliktberatung unterscheidet sich aus guten Gründen von der Haltung, die seit der Intervention von Papst Johannes Paul II. von den katholischen Bischöfen in Deutschland – bisher mit der Ausnahme von Bischof Kamphaus in Limburg – eingenommen wird. Freilich muss man zugleich berücksichtigen, dass die seit 1995 gültige Regelung des Schwangerschaftskonflikts sich auf den Schutz des werdenden Lebens bisher nicht positiv ausgewirkt hat. Die jährliche Zahl von Schwangerschaftsabbrüchen liegt in Deutschland bei ungefähr 160 000. Bezogen auf eine Zahl von ungefähr 900 000 Geburten ist dies eine erschreckend hohe Zahl. Berichte aus der Schwangerschaftskonfliktberatung weisen darauf hin, dass in vielen Fällen existenzielle Sorgen der Mütter – um Ausbildung, Arbeitsplatz oder Partnerschaft – für die Entscheidung zur Beendigung der Schwangerschaft bestimmend sind. In vielen derartigen Fällen tritt der Schwangerschaftsabbruch an die Stelle von Schwangerschaftsverhütung und verantwortlich geplanter Elternschaft. In den allermeisten Einzelfällen ist das mit erheblichen inneren Konflikten verbunden, die in ihren Folgen lange nachwirken können. Im gesellschaftlichen Klima insgesamt aber trägt eine solche Praxis zu einer sich ausbreitenden Gleichgültigkeit gegenüber dem werdenden menschlichen Leben bei; die Atmosphäre einer „Schwangerschaft auf Probe" verstärkt sich so auch von dieser Seite.

Das Bundesverfassungsgericht hat den Gesetzgeber im Jahr 1993 dazu aufgefordert, die gesetzliche Regelung des Schwangerschaftskonflikts nach angemessener Zeit daraufhin zu überprüfen, ob sie dem Schutz des werdenden Lebens spürbar zugute kommt. Eine solche Überprüfung ist tatsächlich angezeigt. Embryonenschutz und Schwangerschaft auf Probe vertragen sich nicht.

Organtransplantation und therapeutisches Klonen

1.

Von den frühchristlichen Ärztebrüdern Cosmas und Damian berichtet die Heiligenvita, sie hätten einem Kranken das Bein eines Mohren übertragen. In dieser Legende spricht sich eine uralte Heilungshoffnung aus: Menschen soll das Leben dadurch gerettet und Lebensqualität dadurch gesichert werden, dass zerstörte Organe ersetzt und Organe anderer Menschen transplantiert werden. Aber erst zu Beginn des vergangenen Jahrhunderts konnten die Voraussetzungen für erfolgreiche Gewebeübertragungen der Haut, des Blutes oder auch des Bindegewebes geschaffen werden. Erst in der Mitte des 20. Jahrhunderts war man so weit, dass man Organe übertragen konnte, zuerst die Niere, dann auch Herz und Leber. Gegen Ende des hinter uns liegenden Jahrhunderts schuf man Voraussetzungen dafür, nichtmenschliche Organe auf den Menschen zu übertragen (Xenotransplantation). Und am Beginn des 21. Jahrhunderts sind die Anstrengungen darauf gerichtet, Gewebe und eines Tages vielleicht auch ganze Organe aus Stammzellen zu züchten und auf diese Weise zur Organimplantation fähig zu sein, ohne dass man dafür bei einem anderen Menschen ein Organ entnehmen muss.

Große Heilungshoffnungen hat man auf diese Möglichkeiten von Anfang an gerichtet. Lange Zeit gingen diese Hoffnungen weit über die realen medizinischen Möglichkeiten hinaus. Dann aber gingen die medizinischen Möglichkeiten oft weit über das hinaus, was man noch kurz zuvor für realisierbar gehalten hatte. Und auf jeder Entwicklungsstufe verbanden sich solche Hoffnungen auch mit der Gefahr des Missbrauchs. Der Handel mit Organen zunächst und heute die mögliche Instrumentalisierung menschlicher Stammzellen sowie die Erzeugung von Embryonen ausschließlich zu wissenschaftlichen Zwecken sind die markantesten Beispiele für solche Missbrauchsgefahren. Aber dies ist wohl kennzeichnend für die Ambivalenz wissenschaftlichen Fortschritts überhaupt: Wo seine Verheißungen am größten sind, lauern auch die größten Gefahren.

2.

Das Thema der Organtransplantation ist in der jüngsten bioethischen Diskussion in den Hintergrund getreten. Zur relativen Ruhe über dieses Thema hat in Deutschland gewiss die Tatsache beigetragen, dass mit dem Transplantationsgesetz von 1997 einige Grundfragen geklärt und wichtige Eckdaten gesetzt wurden.

Aber das Thema ist älter. Die erste Herztransplantation des 2001 gestorbenen südafrikanischen Transplantationsmediziners Christiaan Barnard fand Anfang der siebziger Jahre statt; schon seit einer Generation also leben wir mit der Möglichkeit der Organtransplantation. Aus dem Raum der Kirchen hat es in Deutschland bereits in den siebziger und achtziger Jahren eine Reihe von Beiträgen zu den ethischen Aspekten der Organtransplantation gegeben. Jedoch erst Ende der achtziger Jahre haben sich evangelische und katholische Kirche gemeinsam in zwei Veröffentlichungen zu diesem Themenkomplex ausführlich geäußert. 1989 veröffentlichten sie – gemeinsam mit allen anderen christlichen Kirchen in Deutschland – ein Grundlagendokument zu Fragen der Lebensethik unter der Überschrift „Gott ist ein Freund des Lebens". 1990 schloss sich daran eine separate Veröffentlichung der beiden großen Kirchen zu „Organtransplantationen" an.

Der Ausgangspunkt lag in dem Respekt vor der Würde des Menschen und der damit verbundenen Pflicht zur Lebenserhaltung und Lebensförderung. Deshalb werden Organtransplantationen von den Kirchen grundsätzlich bejaht; soweit der Organentnahme aus freien Stücken zugestimmt wird, kann man in ihr einen Akt der Nächstenliebe über den Tod hinaus sehen. Doch mit dem Hinweis auf die in diesem Fall vorausgesetzte freie Zustimmung ist auch schon das Problem benannt. Organtransplantationen sind grundsätzlich ethisch zulässig; sie können und dürfen aber nicht für alle zur Pflicht gemacht werden. Vielmehr bedarf es klarer Richtlinien im Blick auf die Zulässigkeit und die Modalitäten der Transplantation.

Dem dient das Transplantationsgesetz von 1997, dessen Entstehung die Kirchen intensiv begleitet haben. Es verschafft einer breiten gesellschaftlichen Zustimmung zur Organtransplantation rechtlichen Ausdruck. Es gießt die Zustimmung zu dieser Möglichkeit, leidenden oder gar in ihrem Leben bedrohten Menschen zu helfen, in die Form des Gesetzes. Volle Einhelligkeit in den ethischen Voraussetzungen für ein solches Gesetz konnte in der Diskussion freilich nicht erreicht werden. Umstritten blieben bis zuletzt vor allem die Frage der Todesdefinition und die Möglichkeit der Organentnahme auf der Grundlage einer Zustimmung Dritter.

Unstrittig ist, dass im Hirntod nach dem gegenwärtigen Stand wissenschaftlicher Erkenntnis ein untrügliches Todeszeichen zu sehen ist. Umstritten ist dagegen, ob dieses untrügliche Todeszeichen mit dem Tod der menschlichen Person schlechthin gleichgesetzt werden kann. Denn wenn eine Organentnahme beabsichtigt ist, werden auch nach Eintreten des Hirntodes die Herzkreislauffunktionen aufrecht erhalten. In welchem Sinn von einem Menschen gesagt werden kann, er sei tot, wenn Herz und Kreislauf noch aktiv sind, ist für viele Menschen eine offene Frage. Umgekehrt erklären viele Mediziner es für einen unerträglichen Zustand, wenn nicht die menschliche Person als tot erklärt werden kann, bevor eine Organ entnommen wird; deshalb beharren sie auf der Gleichsetzung des Hirntodes mit dem Tod der menschlichen Person.

Das Organtransplantationsgesetz von 1997 hat darauf verzichtet, den Hirntod ohne weiteres mit dem Tod der menschlichen Person gleichzusetzen oder überhaupt eine Todesdefinition vorzulegen. Vielmehr wird die Todesfeststellung an den Stand der wissenschaftlichen Erkenntnis gebunden. Damit wird der Vorläufigkeit wissenschaftlicher Erkenntnis Rechnung getragen; die Offenheit für bessere wissenschaftliche Einsicht wird in die rechtliche Regelung integriert. Zugleich wird dem Umstand Rechnung getragen, dass wir menschliches Sterben als einen Prozess zu begreifen und zu beschreiben haben. Daraus erklärt es sich, dass wir auch in unserem Umgang mit Gestorbenen, in der Fürsorge für ihren Leichnam, in der Bereitschaft, sie pietätvoll zu Grabe zu tragen, und in der Ehrerbietung gegenüber dem Ort der Beisetzung einen Respekt vor der Würde der menschlichen Person zum Ausdruck bringen, der über den Tod hinauswirkt. Einstweilen ist es noch eine Minderheit, die sagt, der Leichnam eines Menschen sei vom Zeitpunkt des Todes an sowieso nichts anderes als „der verwesliche Rest einer gewesenen Person"; so konnte man es allerdings im Umkreis von Gunther von Hagens Ausstellung „Körperwelten" hören. Auch die zunehmende Praxis anonymer Bestattungen hebt ein kulturelles Orientierungsmuster nicht vollständig auf, in welchem wir das Sterben des Menschen als einen Prozess betrachten und auch dem Leichnam des Verstorbenen denjenigen Respekt entgegenbringen, der sich aus einem umfassenden Verständnis menschlicher Würde ergibt. Im christlichen Glauben hat dieser Respekt seinen tiefsten Grund in der Verheißung, dass der verwesliche Körper des Menschen unverweslich auferstehen wird: „Es wird gesät verweslich und wird auferstehen unverweslich; ... es wird gesät ein natürlicher Leib und wird auferstehen ein geistlicher Leib" (1. Korinther 15,42 f).

In der Diskussion über die Organtransplantation klingen diese sehr grundsätzlichen, auf unser Bild vom Menschen und auf unser Verständnis menschlicher Sterblichkeit bezogenen Fragen immer wieder an. Ebenso grundsätzlich sind die Fragen, die sich auf die Bedeutung von menschlicher Freiheit und Autonomie für dieses Thema beziehen. Wenn die Freigabe der eigenen Organe zur Transplantation als Verfügung des Menschen über sich selbst verstanden wird, kann sie im Grunde nur auf der Basis freier Zustimmung erfolgen. Sieht man die Dinge so, nimmt man freilich zugleich an, dass auch die menschliche Freiheit eine Ausstrahlungswirkung über den individuellen Tod hinaus hat. Auch das spricht dagegen, dass die Würde der Person mit dem Eintreten des Todes an ein abruptes Ende kommt. Dem hat das deutsche Transplantationsgesetz von 1997 Rechnung getragen, obgleich es sich nicht kompromisslos an eine enge Zustimmungslösung gebunden hat, die eine Organentnahme nur dann ermöglichen würde, wenn eine ausdrückliche Zustimmung des Betroffenen für den Fall seines Todes vorläge. Vielmehr hat es auch die Möglichkeit eröffnet, dass nächste Angehörige in Übereinstimmung mit dem mutmaßlichen Willen eines Organspenders die Zustimmung zur Organentnahme erklären können.

Die Kluft zwischen dieser Regelung und der Überzeugung derer, die einer engen Zustimmungslösung anhängen, lässt sich umso eher überbrücken, je mehr unter den Bürgerinnen und Bürgern die Bereitschaft wächst und gefördert wird, sich zu Lebzeiten mit diesem Thema auseinanderzusetzen und eine ausdrückliche Entscheidung über die Bereitschaft zur Spende der eigenen Organe zu treffen. Dabei muss in der gesellschaftlichen Diskussion die Freiheit gewahrt werden, eine Organentnahme für sich selbst zu bejahen oder auch zu verneinen. Organentnahme kann eine Tat der Nächstenliebe über den Tod hinaus sein. Aber sie ist keine Bringschuld. Die Kirche setzt sich dafür ein, die Bereitschaft zur Organspende zu wecken und zu stärken; aber sie wertet diejenigen nicht moralisch ab, die sich nicht für die Organspende entscheiden.

3.

Besondere Probleme verbinden sich mit dem Bereich der Lebendspende. Sie hat in den letzten Jahren in bemerkenswertem Maß an Bedeutung gewonnen. Im Jahr 2000 waren es nach Angaben der Bundesärztekammer in Deutschland 436 Menschen, die einem Angehörigen eine Niere oder einen Teil der Leber gespendet haben. Die Bundesärztekammer hat mit guten Gründen gerade für diesen Bereich eine besondere Pflicht zur „Qualitätssicherung" festgestellt. Denn Menschen, die zu einer Lebendspende bereit sind, setzen sich damit auch einem besonderen gesundheitlichen Risiko aus. Die Frage, ob dieses Risiko aus Liebe zum Nächsten übernommen werden kann und soll, muss besonders sorgfältig bedacht werden. Einen Menschen zu veranlassen, langfristig nur mit einer Niere zu leben, bringt den in eine Mitverantwortung, der ihm diesen Schritt nahe legt. Im Letzten kann darüber jeder Mensch nur persönlich entscheiden. Auch Eltern dürfen ihre Kinder nicht zu einer Organspende verpflichten oder diese Entscheidung stellvertretend für ihre Kinder treffen. Für Christen ist sowohl die Zustimmung zu einer Lebendspende als auch deren Ablehnung eine ethisch verantwortbare Möglichkeit.

Das Transplantationsgesetz hat diesen ethischen Überlegungen durch Sonderbestimmungen für den Bereich der Lebendspende Rechnung getragen. So hat es eigens die Bedingung aufgenommen, eine Lebendspende nur durchzuführen, wenn sich die organspendende und die organempfangende Person vorher zur Teilnahme an einer ärztlichen Nachbetreuung bereit erklärt haben und wenn eine Kommission bei der Ärztekammer in einem Gutachten zu der Frage der Freiwilligkeit Stellung genommen hat. Das Gesetz hat generell Lebendspenden nur unter Verwandten oder Menschen mit einer vergleichbar engen persönlichen Beziehung zugelassen; dadurch ist der gerade in diesem Fall besonders hohen Gefahr des Organhandels hoffentlich wirkungsvoll vorgebeugt.

4.

Besonders umstritten ist eine neuere Entwicklung auf dem Gebiet der Neurochirurgie, nämlich die Transplantation von fetalem Hirngewebe. Weltweit wurde bereits über 200 Personen fremdes Hirngewebe implantiert, das von abgetriebenen Föten stammte. Erklärtes Ziel der Forschung beim Einsatz von fetalem Hirngewebe ist es, neurologische Krankheiten wie Parkinson, Alzheimer, Chorea Huntington oder Multiple Sklerose auf diese Weise heilen oder doch zumindest in ihren Folgen lindern zu können. Im Unterschied zu Schweden, Frankreich, den USA und anderen Ländern wird dieses Verfahren in Deutschland bisher nicht angewandt. Die Zentrale Ethikkommission der Bundesärztekammer hat vielmehr ein Moratorium erwirkt, das den Einsatz dieses Mittels von weiterer Grundlagenforschung abhängig macht.

Die Kirchen haben hierzu in ihrer gemeinsamen Erklärung zu Organtransplantationen von 1990 erklärt: „Die Übertragung bestimmter Gehirnzellen von Embryonen auf Parkinsonkranke ist solange abzulehnen, wie sie eine Abtreibung voraussetzt." Denn kein Forschungs- oder Heilungsziel, wie hochrangig es auch sein kann, vermag eine Abtreibung zu rechtfertigen. Würden wir die Abtreibung zu therapeutischen Zwecken freigeben, so würden wir vielmehr den menschlichen Embryo zu einem bloßen Mittel zum Zweck machen; wir würden ihn instrumentalisieren. Wir würden dadurch demonstrieren, dass der Embryo ohne jeden Anteil an der Würde der menschlichen Person ist. Es würde sich nicht einmal um das oben im einzelnen geprüfte Argument handeln, dass der Schutz von Leben und Menschenwürde in der vorgeburtlichen Entwicklung Stufen und Stadien durchläuft und erst mit der Geburt des Menschen zu seiner vollen Entfaltung kommt. Bei einem Schwangerschaftsabbruch zu therapeutischen Zwecken wäre vielmehr mit einem hohen Zweck zugunsten Dritter die vollständige Negation der Menschenwürde des werdenden Menschen verbunden.

Umstritten ist freilich in diesem Zusammenhang vor allem auch, ob bei Schwangerschaftsabbrüchen, die aus anderem Grund ohnehin erfolgt sind, und unter der Voraussetzung, dass die Mutter dieser Verwendung von fetalem Gewebe aus freien Stücken zugestimmt hat, eine solche Verwendung denkbar und verantwortbar sein kann. Aber die Frage zu stellen, heißt deutlich zu machen, in welcher menschlichen Grenzlage man sich mit derartigen Überlegungen bewegt. Was mutet man einer Frau zu, die unmittelbar nach dem Schwangerschaftsabbruch mit einer solchen Frage konfrontiert wird, die man ihr vorher noch nicht hat stellen dürfen, wenn man denn nicht schon die Entscheidung über den Schwangerschaftsabbruch selbst durch eine solche Perspektive beeinflussen wollte?

Ohne Zweifel bedeutet eine solche Verwendung von abgetriebenen Embryonen eine zusätzliche Belastung für die schwangere Frau. Das medizinische Verwertungsinteresse würde sich de facto doch schon auf Zeitpunkt und Methode des Abbruchs auswirken; in seinem unmittelbaren Zusammenhang müsste die Frau eine zusätzliche, sehr weit tragende Entscheidung treffen. Vor allem aber muss man bedenken, dass Eltern, die der Bitte um eine solche „Verwertung des abgetriebenen Kindes" zugestimmt haben, damit eine Art „Rechtfertigung" für die Abtreibung, die schließlich doch einem guten Zweck dient, angeboten erhalten, die mit dem eigentlichen Schwangerschaftskonflikt nichts zu tun hat.

Zum gegenwärtigen Zeitpunkt ist nicht abzusehen, ob und wann die Transplantation von fetalem Hirngewebe die Hoffnungen erfüllen könnte, die in diese Methode gesetzt werden. In jedem Fall wäre eine solche Therapie auf eine große Zahl von Schwangerschaftsabbrüchen angewiesen. Denn bis zu acht Embryonen aus der achten bis zwölften Schwangerschaftswoche werden für einen Heilversuch benötigt. Es ist dringend zu fordern, dass ein solcher Weg, der für Missbrauch, ja auch für Kommerzialisierung in besonderem Maß anfällig ist, nicht eingeschlagen wird.

5.

Mit den Fortschritten der Lebenswissenschaften tastet sich die Forschung offenbar auch zum Kern menschlicher Identität vor. Am Problem der Xenotransplantation stellt sich hintergründig die Frage, ob personale Identität auch eine körperliche Entsprechung hat. Während zunächst gefragt wurde, ob die Transplantation eines frem-

X Schweineherzklappen
implantation

den Menschenherzen die Identität und Individualität des Menschen antastet, stellt sich nun die Frage, ob die Transplantation von Organen einer anderen Gattung – konkreter: eines Schweineherzen – die Identität und Individualität des Menschen berührt. Manche Mediziner nehmen die Tatsache, dass eine Gehirntransplantation bisher als nicht möglich erscheint, als einen Hinweis darauf, wo die somatische Entsprechung zur Identität des Menschen zu suchen ist – eben im Gehirn. Bei einer solchen Überlegung orientieren sie sich implizit am Verständnis des Menschen als Vernunftwesen, als animal rationale. Sie machen also – ähnlich wie bei dem Umgang mit dem Hirntodkriterium – von einer höchst voraussetzungsreichen anthropologischen Prämisse Gebrauch. Doch dieser innere Zusammenhang heutiger forschungsethischer Probleme mit weit reichenden anthropologischen Grundfragen ist noch weithin unaufgeklärt. Schon die Fragen zu stellen ist nicht leicht. Oft sind schon die Zugänge zu diesen Fragen interessenbesetzt. Oft leidet der forschungsethische Dialog darunter, dass schon die Fragestellungen unter dem Gesichtspunkt gemustert werden, ob sie die Konkurrenzfähigkeit in einer globalisierten Wissenschaft einschränken können. Manchmal scheint das Tor zu forschungsethischen Fragen wie von sechsflügeligen Seraphen bewacht, die verhindern wollen, dass an verwertbaren Resultaten orientierte und entsprechend interessengebundene Forschungsvorhaben beeinträchtigt werden.

Dabei lässt sich nicht leugnen: In Bereichen wie der Genmanipulation, der Züchtungsforschung, der Intensiv-, Transplantations-, Reproduktions- und Fertilitätsmedizin kann die Forschungsfreiheit in Konflikt mit anderen Grundrechten bis hin zur menschlichen Personwürde geraten. Solche Konfliktmöglichkeiten müssen ernsthaft erwogen und geprüft werden. Es sollte nicht dahin kommen, dass die Bioethik in den Verdacht gerät, lediglich zur Absicherung unbeschränkter Forschungsfreiheit und möglichst umfassender wirtschaftlicher Nutzung neuer wissenschaftlicher Möglichkeiten zu dienen. Ebenso wenig dürfen Ethikkommissionen oder Ethikräte als Legitimationsinstrumente oder Alibiveranstaltungen missbraucht werden.

Vielmehr muss es gelingen, beides miteinander zu verbinden: die Leidenschaft der Liebe, die leidenden Menschen zu Hilfe kommen will, und den vorbehaltlosen Respekt vor der Menschenwürde, die keinen Menschen und deshalb auch nicht das werdende menschliche Leben zum bloßen Mittel macht. Jede forschungsethische

Argumentation ist nach meiner Überzeugung daran zu messen, ob sie beide Gesichtspunkte berücksichtigt. Einseitigkeiten und Polarisierungen kommen regelmäßig dadurch zustande, dass einer dieser Gesichtspunkte gegen den anderen ausgespielt wird. Demgegenüber ist festzuhalten, dass der Respekt vor der Würde der menschlichen Person und die Kultur des Helfens zwei zusammengehörige Merkmale des Menschenbildes sind, das in der christlichen Tradition wurzelt und in unser kulturelles Paradigma Eingang gefunden hat. Wie dieses Paradigma bewahrt und weiterentwickelt werden kann, ist ein Schlüsselthema der gegenwärtigen Debatten zur Ethik der Forschung, gerade auch zur Ethik der biomedizinischen Forschung. Es ist ein Schlüsselthema auch für den Umgang mit der Organtransplantation in der Vielfalt ihrer Aspekte.

6.

Die Hoffnungen, die sich gegenwärtig auf die Forschungen an embryonalen Stammzellen und auf den schon vollzogenen therapeutischen Einsatz von adulten Stammzellen richten, sind auch deswegen so hoch, weil sie den Umfang verringern könnten, in dem Organtransplantationen notwendig sind, und weil von ihnen eine Alternative zur Transplantation von fetalem Hirngewebe erwartet wird. Solche Schritte sind auch deshalb zu begrüßen, weil die Forschung an und der Einsatz von adulten Stammzellen ethisch weit eher zu akzeptieren sind als die Forschung an oder der Einsatz von embryonalen Stammzellen. Denn mit letzterer verbindet sich erneut die Gefahr, dass ein Embryo nur und ausschließlich dazu erzeugt wird, Mittel zum Zweck, nämlich Lieferant von embryonalen Stammzellen zu sein. Der Hinweis darauf, es handle sich eben um einen „überzähligen Embryo", ist, wie wir sahen, nur ein schwacher Trost – und dies erst recht in einem Land, das die Produktion „überzähliger" Embryonen ausdrücklich ausgeschlossen hat. Am Horizont eines solchen Weges erscheint das therapeutische Klonen, also die Vorstellung von einem nach der „Methode Dolly" erzeugten menschlichen Klon, der als Vorratslager für körperverträgliche Organtransplantate dienen kann.

Wer heute der embryonalen Stammzellenforschung zustimmt, wird sich morgen vielleicht dem therapeutischen Klonen nicht mehr verweigern können. Erneut wird man dann sagen, dass die Hoffnung auf Heilung diesen Schritt erfordert. Schon in dem Ausdruck „therapeutisches Klonen" verbinden sich ja Heilung und Fortschritt, Hilfe und Zukunftsoffenheit, Moral und Wissenschaft aufs Schönste. Wer sich dagegen auflehnt, hat es schwer: Er gilt als unbarmherzig und fortschrittsfeindlich zugleich. Ist es nicht wahr, dass die Fortschritte der Wissenschaft in den Dienst des Lebens gestellt werden sollen? Müssen wir nicht froh sein, wenn wirksame Mittel gegen Multiple Sklerose, Parkinson oder Alzheimer gefunden werden? Wäre es nicht ein Segen, wenn Patienten, die auf ein neues Herz angewiesen sind, sich nicht mehr vor der Abstoßungsreaktion fürchten müssen, weil dieses Herz aus geklonten Stammzellen entwickelt wurde?

Soviel Zukunftsmusik in solchen Fragen auch stecken mag – sie sind alle zu bejahen. Eine Wissenschaft, die darauf aus ist, Leiden zu mindern, verdient Unterstützung. Wirksame Mittel gegen heute noch unheilbare Krankheiten sind zu begrüßen. Und Ersatzorgane aus eigenen Stammzellen sind erfreulicher als ein Schweineherz.

Aber der Zweck heiligt nicht das Mittel. Erneut muss man sagen: Es ist eine Täuschung, wenn man wegen des guten Zwecks die Kritik am Mittel zurückweist. Heilen um jeden Preis, die Verminderung des Leidens „auf Teufel komm raus" rückt auch den guten Zweck als solchen ins Zwielicht. „Therapeutisches Klonen" erscheint mir als ein beschönigender Ausdruck. Es soll ein Embryo produziert werden, der nach der „Methode Dolly" von einem lebenden Menschen geklont wurde. Ihm werden embryonale Stammzellen entnommen, aus denen Blutzellen, Nervenzellen, Muskelzellen oder eines Tages ganze Organe entwickelt werden. Das ist in Wahrheit verbrauchende Embryonenforschung mit therapeutischer Verheißung. Embryonen werden produziert, die nur Material bereitstellen sollen. Der Embryo gilt nichts. Dass er ein Mensch im Werden ist, wird ignoriert. Er ist nur ein Mittel: er wird instrumentalisiert.

Denen, die einen nächsten Schritt befürchten, wird beruhigend gesagt, einen solchen Schritt habe niemand im Sinn. Wird auch in diesem Fall im Nachhinein gesagt werden, man habe eben bereits zu einem früheren Zeitpunkt den Rubikon überschritten und einen unumkehrbaren Prozess eingeleitet? Wer therapeutisches Klonen betreibt, hat den Schritt zum reproduktiven Klonen bereits vollzogen. Niemand will das reproduktive Klonen – so wird beruhigend gesagt. Aber der beim therapeutischen Klonen erzeugte Embryo kann ohne jede Schwierigkeit einer Frau implantiert werden, genau wie ein Embryo aus dem Reagenzglas. Es ist überhaupt nicht zu erkennen, wie der Übergang dazu verhindert werden soll. Wer klont, der klont.

7.

In Deutschland steht einstweilen das Embryonenschutzgesetz von 1990 dagegen. Diejenigen, die seine Veränderung fordern, sagen unter anderem, dieses Gesetz schütze Embryonen in der Petri-Schale wirksamer als Embryonen im Mutterleib. Das stimmt nicht nur, es lässt sich auch erklären. Am Embryo im Mutterleib kann sich ein Konflikt entzünden. Denn nun muss nicht nur der Embryo geschützt werden, sondern auch die Mutter. Die Mutter empfindet den Konflikt, denn der Embryo, der Fötus, das Kind ist ein Teil von ihr selbst. Beide, Mutter und werdendes Kind, in den Blick zu nehmen, ist deshalb die Aufgabe – auch die Aufgabe der gesetzlichen Regelung zum Schwangerschaftskonflikt. Eine solche Regelung ist notwendigerweise ein Kompromiss. Wer dem Kompromiss generell entgehen will, wird zwangsläufig unbarmherzig. Er beschwört entweder das Lebensrecht des werdenden Lebens und ignoriert die Lage der Mutter; oder er verficht das Selbstbestimmungsrecht der Mutter und missachtet das Lebensrecht des Kindes. Gerade in einer so schwierigen Frage muss man deshalb sagen: Lieber ein Kompromiss als pure Unbarmherzigkeit.

Eine Beziehung zwischen Mutter und Embryo gibt es, so sahen wir, auch bei dem in vitro erzeugten Embryo. Dennoch ist dieser dem menschlichen Zugriff noch viel leichter ausgesetzt als der Embryo im Mutterleib. Deshalb ist es richtig, dass er stärker geschützt wird. Nun aber droht das Gegenteil. Jetzt soll die Rechtsstellung des Embryos im Labor weit schwächer werden als im Mutterleib. Ein „Ding" soll es sein, mit dem man alles machen kann, was man um eines vermeintlich guten Zweckes willen für nötig hält. Vor allem soll es erlaubt sein, ihn zu töten. Zu nichts anderem wird er nämlich im Fall des therapeutischen Klonens produziert.

Als einen „himbeerfarbenen Klumpen" hat einmal ein hoher Richter den menschlichen Embryo in seinen frühen Entwicklungsstufen bezeichnet. Unterschwellig hieß das: Man braucht ihn nicht so wichtig zu nehmen; er ist ein „Ding", keine Person, ein „etwas", kein „jemand". Von „Klumpen", „Zellhaufen", „Zellwänden" ist auch heute wieder die Rede, um unsere moralische Widerstandskraft zu unterlaufen. Das Staunen über das Wunder des Lebens soll uns ausgetrieben werden. Gibt man diesem Denken nach, dann wird auch der noch verbliebene Schutz für den Embryo im Mutterleib zusammenstürzen wie ein Kartenhaus. Der Abtreibungskompromiss landet auf dem Müllhaufen der Geschichte. Nicht nur im Reagenzglas, auch im Mutterleib ist der Embryo dann nur noch ein Ding.

Alles rechtfertigt man mit der Absicht, ein Leben ohne Leiden zu ermöglichen. Aber wer die Verletzlichkeit des Menschen ignoriert, ignoriert den Menschen überhaupt. Folgen hat das nicht nur für den Embryo. Am Ende steht das Personsein des Menschen als solches auf dem Spiel – auf allen Stufen seines Lebens.

„Was ist der Mensch, dass du seiner gedenkst?"

Dieses Buch stellt sich der ethischen Auseinandersetzung mit den modernen Lebenswissenschaften. Immer wieder führt sie uns vor die Frage nach dem Menschenbild, an dem wir uns orientieren wollen. Auf ihre Weise wird die Frage nach unserem Bild vom Menschen die entscheidende Frage des 21. Jahrhunderts sein. Sie soll deshalb abschließend in einen weiteren Horizont gestellt werden. Denn die Frage nach dem Menschenbild war unter anderen Vorzeichen auch schon das große Thema des 20. Jahrhunderts. Ausgetragen wurde der Streit um den Menschen in dem Konflikt zwischen einer Anthropologie der Ungleichheit und einer Anthropologie der gleichen Freiheit. Auch im Horizont der neuen Möglichkeiten, die sich durch die modernen Lebenswissenschaften erschließen, erweist sich dies als die entscheidende Frage: Weisen wir unterschiedlichen Gruppen von Menschen unterschiedliche Lebensrechte zu oder können wir in unserem gesellschaftlichen Zusammenleben der gleichen Freiheit der Menschen Gestalt verleihen?

1.

Wer in unserer Zeit nach einem tragfähigen Leitbild gesellschaftlicher Entwicklung und persönlicher Lebensorientierung Ausschau hält, kann von der Geschichte des 20. Jahrhunderts nicht absehen. Er kann sich der Tatsache nicht verschließen, dass dieses Jahrhundert von Grausamkeiten vorher unbekannten Ausmaßes erfüllt war. Wer die Fragen der Gegenwart von deutschem Boden aus wahrnimmt, ist erst recht zu der Einsicht verpflichtet, dass Hoffnung nur entstehen kann, wo der Mut zur Erinnerung herrscht.

Die Erinnerung, von der wir als Deutsche auf keinen Fall absehen können, hat einen Namen: Shoah – der Mord am europäischen Judentum. Er wurde im Namen einer Überlegenheitsideologie verübt. Sie war nichts anderes als der Reflex einer gewaltigen und deshalb gewalttätig werdenden Unsicherheit. Diese Unsicherheit hatte damit zu tun, dass den Deutschen ein klares politisches Profil ebenso fehlte wie eine klare religiöse Identität. Der große und bleibend wichtige Schritt der protestantischen Reformation des 16. Jahrhunderts war damit erkauft, dass das seitdem konfessionell gespaltene Land niemals eine eindeutige religiöse Identität entwickeln konnte. Und auch zu einem eindeutigen politischen Profil, wie es sich beispielsweise in Frankreich infolge der Revolution von 1789 entwickelte, kam es in Deutschland nicht. Die Unsicherheit über die eigene Identität blieb deshalb immer ein deutsches Thema. Im 20. Jahrhundert wirkte sich diese Unsicherheit verheerend aus. Nun sollten die eigenen Konturen durch die Abgrenzung gegenüber dem angeblich Artfremden festgelegt werden. Weil dabei die Maßstäbe des Menschlichen vollständig verloren gingen, kam es zum Absturz in die Unmenschlichkeit des Rassenwahns.

Der Rassenantisemitismus Adolf Hitlers und der Nationalsozialisten ist das deutlichste Beispiel für eine negative Anthropologie im letzten Jahrhundert. Er speiste sich gleichzeitig aus dem Antijudaismus des christlichen Denkens und aus dem nationalistischen Rassismus des 19. Jahrhunderts. Beide Quellen dieser negativen Anthropologie will ich kurz charakterisieren.

Der Antijudaismus hat eine lange Geschichte. Er war bereits ein Phänomen der griechisch-römischen Welt. Der Monotheismus der Juden und der mit ihm verbundene Lebensstil der ausschließlichen Verehrung des einen Gottes wurde als fremd empfunden. Die Juden erwiesen sich im römischen Reich als eine deutlich abgegrenzte Minderheit. Die frühe Christenheit hatte zwar zum einen als „jüdische Sekte" an dieser Minderheitenposition Anteil; doch zum andern sah sie sich genötigt, dem Judentum gegenüber in Distanz zu treten. Zwar blieb die gemeinsame Wurzel und der gemeinsame Bezug auf den Tenach der Juden, das Alte Testament der Christen, erhalten. Doch an der Frage, ob Jesus der Messias sei, schieden sich die Geister. Weil die Juden die Messianität Jesu abgelehnt hatten, waren sie für die bald vorherrschende christliche Auffassung zu „Gottesmördern" geworden. Das war nicht nur ein Vorwurf gegenüber den handelnden Personen zur Zeit Jesu, also vor allem den Mitgliedern des Hohen Rats unter Kaiphas. Sondern daraus wurde der Vorwurf einer „Kollektivschuld", der das Judentum im Ganzen traf.

Aus diesem Schuldgedanken leitete sich ein Überlegenheitsbewusstsein ab, das vor allem in der Gegenüberstellung von Kirche und Synagoge Ausdruck fand: Während die Kirche die Wahrheit erkennt und verbürgt, ist der Synagoge die Wahrheit verborgen, wie ihre verbundenen Augen bildlich zeigen.

Heiden, Häretiker und Juden waren seit dem Mittelalter die drei aus der Gemeinschaft der Kirche ausgeschlossenen Menschengruppen. Die menschliche Würde im vollen Sinn wurde für die rechtgläubigen Christen reserviert – mit Grauen erregenden Folgen für die anderen. Sie waren Gruppen minderen Ranges. An diese Anthropologie der Ungleichheit schlossen sich die stereotypen Bilder des Juden an, der das Böse leibhaftig verkörpert. An keinem anderen Beispiel kann man die Ausbildung kollektiver Vorurteile eindrücklicher studieren als an diesem: „Die Juden" verachteten körperliche Arbeit, insbesondere die Landwirtschaft; sie seien geldgierig und verliehen Geld gegen hohe Zinsen. In manchen europäischen Sprachen wird das Wort „Jude" zu einem Synonym für Betrug und das Erheben von Wucherzinsen.

Trotz dieses massiven Antijudaismus haben die christlichen Kirchen den Tenach der Juden als Altes Testament für sich in Anspruch genommen. Dazu bedurfte es einer „Enterbungstheorie". Dieses Buch gehörte, so hieß die Auskunft, gar nicht mehr den Juden. Sie hätten den Anspruch darauf durch ihren Unglauben verloren. Es war nun ein Teil der christlichen Bibel, der Heiligen Schrift Alten und Neuen Testaments.

Zum Antisemitismus wurde dieser Antijudaismus während der Periode der Aufklärung. Die Entwicklung der bürgerlichen Gesellschaft veränderte die Stellung der jüdischen Bürger. Die Emanzipation der Juden während des 19. Jahrhunderts war jedoch von massivem Widerspruch begleitet. In dem Maß, in dem gleiche Bürgerrechte für jüdische Mitbürger eingefordert und durchgesetzt wurden, bildete sich als Gegenbewegung der moderne Antisemitismus aus. Er brach sich präzise in den Jahren Bahn, in denen die Staatsbürgerrechte der Juden definitiv anerkannt wurden. In den siebziger Jahren des 19. Jahrhunderts erlangten die Juden in ganz Mittel- und Westeuropa definitiv die Anerkennung ihrer staatsbürgerlichen Rechte; genau in dieser Zeit trat der Antisemitismus in der neuen Form auf, die sich für das europäische Judentum als katastrophal erweisen sollte.

Während der Antijudaismus sich gegen das Judentum als Religion richtete, wandte sich der Antisemitismus gegen die jüdische „Rasse". Die antisemitische Agitation beruhte auf der Behauptung einer biologisch begründeten Überlegenheit der einen Gruppe über die andere. Die sozialdarwinistische Vorstellung von der Überlegenheit des Stärkeren verband sich mit den überlieferten Ressentiments gegen die Juden. Die Überlegenheit der Deutschen über die Juden wurde dabei mit dem historischen Mythos einer „arischen" Rasse begründet, die von Asien nach Europa gezogen sei.

Gobineaus „Essay über die Ungleichheit der menschlichen Rassen" (1853–55) wurde zu einer Art „Bibel" des entstehenden Rassismus. Er sah die „Verderbtheit" der modernen Gesellschaften als Folge „rassischer" Vermischung. Damit waren die Weichen für eine Verbindung zwischen Überlegenheitsbewusstsein und Reinheitswahn im rassistischen Denken gestellt. Houston Stewart Chamberlains „Grundlagen des 19. Jahrhunderts" (1899) oder Julius Langbehns „Rembrandt als Erzieher" (1890) förderten dieses Denken ebenso wie die rassenorientierte Eugenik, die sich an der Wende vom 19. zum 20. Jahrhundert entwickelte. In Italien prägte derartiges rassistisches Denken sich interessanterweise weniger stark aus als in anderen europäischen Ländern. Für diese relative Resistenz wird der Einfluss der katholischen Kirche ebenso geltend gemacht wie der humanistische Nationalismus Giuseppe Mazzinis. Der christliche Antijudaismus, den es auch in Italien gab, schlug nicht in einen rassistisch geprägten Antisemitismus um.

Das geschah umso massiver in Mittel- und Osteuropa. Hitler verlieh einer verbreiteten Stimmung Ausdruck, als er einen „Rassenkrieg" für notwendig hielt, um die arische Rasse vor der drohenden Überfremdung zu bewahren. Ähnliches verfolgte die „Eiserne Garde" in Rumänien oder die „Ustascha" in Kroatien. Aber die plumpe Auffassung, dass die minderwertigen Menschenrassen den Affen näher stünden als den höherwertigen Menschenrassen, wurde in Deutschland in besonderer Verblendung verfochten. Durch Messungen des Kopfumfangs und andere scheinwissenschaftliche Verfahren sollte sie bewiesen werden. „Anthropologie" bedeutete in der Zeit des Nationalsozialismus lediglich „Rassenbiologie" und Abstammungslehre. Aber auch diejenigen, die für solche Ideologien weniger anfällig waren, leisteten der schrittweisen Entrechtung der jüdischen Bevölkerung in Deutschland keinen Widerstand. Sie nahmen hin, dass jüdische Mitschülerinnen und Mitschüler aus den Schulen und jüdische Nachbarn aus den Häusern verschwanden. Die verbreitete Behauptung nach 1945, man habe von all dem nichts gewusst, war Ausdruck einer ungeheuerlichen kollektiven Verdrängung.

Insgesamt muss man feststellen: Die These, dass die Zugehörigkeit zur arischen Rasse Voraussetzung für die Zugehörigkeit zum deutschen Volk und damit auch für die Inanspruchnahme staatsbürgerlicher Rechte sei, fand in Deutschland eine überwältigende Resonanz. In der Breite des deutschen Bürgertums stieß sie auf keinen ernsthaften Widerstand. Sie wurde zur Grundlage für die Vorbereitung eines Angriffs- und Vernichtungskriegs, dem mehr als 55 Millionen Menschen zum Opfer fielen.

2.

Die andere Form einer totalitären Diktatur, die für die Entwicklung Europas im 20. Jahrhundert prägend wurde, hat einen vergleichbaren Angriffskrieg nicht ausgelöst. Diese Differenz muss immer im Bewusstsein bleiben, wenn wir die totalitären Staatsformen des 20. Jahrhunderts miteinander vergleichen. Dennoch ist auch auf die kommunistischen Diktaturen, insbesondere in ihrer stalinistischen Form, hinzuweisen, wenn wir uns fragen, welche Auswirkungen die Anthropologie der Ungleichheit in unserem Jahrhundert gehabt hat.

Auch ein zur Ideologie gewordener Gleichheitsgedanke kann in radikale Ungleichheit umschlagen. Die Vorstellung politischer „Säuberungen" großen Stils berief sich im 20. Jahrhundert ausgerechnet auf die kommunistische Idee, also auf die Idee radikaler Gleichheit. Wer immer sich dem aus dieser Idee entwickelten politischen Konzept widersetzte oder entzog, musste in der Zeit des Stalinismus mit persönlicher Vernichtung rechnen. Das Überwachungssystem, das in stalinistischer Zeit in der Sowjetunion wie in ihren Satellitenstaaten errichtet wurde, diente dem Zweck, Gleichheit als Uniformität auszugestalten. Wer sich dieser Uniformität nicht fügen wollte, lebte riskant. Individualität wurde gefährlich. Millionen von Menschen wurden zu Opfern dieser Gefahr.

3.

Als Uniformität verstandene Gleichheit bildet auch den Hintergrund der neuen Formen von Unmenschlichkeit, die sich auf dem europäischen Kontinent nach 1989 herausgebildet haben. In neuen Formen suchen Teile Europas nach ihrer Identität und glauben, sie in ethnischer oder nationaler Homogenität finden zu können. „Ethnische Säuberungen" wie im zerfallenen Jugoslawien werden als Mittel eingesetzt, um die eigene Identität abzusichern. Gewalt wird in neuer Weise zum Mittel der politischen Selbstbehauptung.

In zwei Formen wird auch Religion eingesetzt, um diese neuen Formen der Gewalt zu legitimieren.

Die eine Form ist der Fundamentalismus, der sich in den letzten Jahrzehnten in allen abrahamitischen Religionen entwickelt hat, also keineswegs nur im Islam, sondern ebenso auch im Judentum und im Christentum. Der Fundamentalismus arbeitet mit dem Mittel der Ausgrenzung. Wer sich der „wahren Lehre" entzieht, verliert damit auch die Zugehörigkeit zu der durch Gott verbürgten Gemeinschaft. Die Gewalt, die gegen ihn angewandt wird, ist deshalb nichts anderes als die „Rache Gottes" selbst (G. Kepel). Fundamentalismus dieser Art führt zu einer Verachtung des Andersseins, die in Wahrheit mit dem universalen Grundzug der abrahamitischen Religionen insgesamt, in jedem Fall aber des Christentums unvereinbar ist. Die Anerkennung des Anderen ist für Christen eine Pflicht, die sich unmittelbar aus ihrem Glauben an den einen Gott ergibt. Deshalb ist die innerchristliche Auseinandersetzung mit dem Fundamentalismus in meinen Augen unvermeidbar.

Ebenso unvermeidbar ist die Auseinandersetzung mit dem Ethnonationalismus. Er bildet die andere Ausdrucksform für die Ausgrenzung des Fremden, die sich aus religiösen Quellen zu rechtfertigen versucht. Dieser Ethnonationalismus ist ebenfalls zu einer elementaren Gefahr für die politische Kultur am Beginn des 21. Jahrhunderts geworden. Immer stärker breitet sich die Meinung aus, dass die sprachliche, religiöse und kulturelle Identität einer Gemeinschaft auch die nationale und staatliche Verfassung prägen muss. Deshalb haben wir in Europa nach 1918, nach 1945 und dann noch einmal nach 1989 eine gewaltige „Ethnisierung der Staatsgrenzen" (U. Andermatt) erlebt. Die Auseinandersetzungen im zerfallenen

Jugoslawien bilden die vorläufig letzte Etappe dieser ethnonationalistischen Barbarei.

Nach 1945 wies Europa 31 souveräne Staaten auf, heute sind es 42. Und es gibt noch manche separatistischen Bestrebungen, die noch nicht an ihr Ziel gekommen sind. Der Ethnonationalismus zeigt sich heute nicht nur im zerfallenen Jugoslawien, am Kaukasus oder in Burundi. Manche Stimmen zur Ausländer- und Asylpolitik in Westeuropa beispielsweise sind ebenfalls von ihm geprägt. Wenn diese politische Krankheit den Globus insgesamt noch mehr ergreifen würde, als dies ohnehin schon der Fall ist, wäre eine besondere Form des Chaos unvermeidlich. Die Vereinten Nationen umfassen heute 184 Staaten; auf der Erde gibt es aber über 4 000 verschiedene Sprachgemeinschaften. Die politischen Folgen eines sich weltweit ausbreitenden Ethnonationalismus wären verheerend. Die Republik Südafrika beispielsweise würde in mindestens elf einzelne Staaten zerfallen.

Der einzige Maßstab, mit dessen Hilfe dieser Ethnonationalismus gebändigt werden kann, sind die universal geltenden Menschenrechte, also die Anthropologie einer fundamentalen Gleichheit der Menschen.

4.

Diese Anthropologie einer fundamentalen Gleichheit und damit die demokratische Kultur geraten allerdings zugleich von einer anderen Seite in Gefahr. Wir gehen gegenwärtig auf neue Formen gesellschaftlicher Spaltung zu, die sich auch auf unser Bild vom Menschen auswirken werden. „Globalisierung" heißt das Schlüsselwort für den wirtschaftlichen Weg ins 21. Jahrhundert. Was damit gemeint ist, verdeutlichen manche Planer mit einem Zahlenpaar und einem Begriff. Das Zahlenpaar heißt „20 zu 80". Der Begriff heißt „tittytainment".

Im 21. Jahrhundert, so sagen die Planer, reichen 20 Prozent der arbeitsfähigen Bevölkerung aus, um die Weltwirtschaft in Schwung zu halten. Ein Fünftel der Arbeitsfähigen und Arbeitssuchenden genügt, um die Waren zu produzieren und die Dienstleistungen zu erbringen, die in der Weltgesellschaft gebraucht werden. Ein Fünftel der Bevölkerung wird aktiv am gemeinsamen Leben teilnehmen und durch eigene Kraft seinen Lebensunterhalt erwerben. Diese Minderheit wird aus ihrer beruflichen Leistung auch das Gefühl eines persönlichen Wertes ableiten können.

Für vier Fünftel wird diese Möglichkeit entfallen. Dafür, wie sie gesellschaftlich integriert werden können, hat der amerikanische Politikplaner Zbigniew Brzezinski den Begriff des „tittytainment" geprägt. Der Ausdruck verbindet die Worte „entertainment", Unterhaltung, und „tits", das amerikanische Slangwort für Busen. „Tits" stehen in diesem Fall aber nicht für Sex, sondern für die Milch, die aus der Brust einer stillenden Mutter kommt. Das Wort steht für ausreichende Ernährung; „entertainment" steht für Medienkonsum. Betäubende Unterhaltung und ausreichende Ernährung sollen die frustrierte Mehrheit bei Laune halten. So heißt nach Brzesinskis makabrer Vision die moderne Variante des römischen „Brot und Spiele" – panem et circenses.

Man kann dieses Zukunftsszenario für übertrieben halten. Breites Echo hat es nicht gefunden. Interesse verdient gleichwohl das Menschenbild, das sich hinter ihr verbirgt. Selbständige, eigenverantwortliche Lebensgestaltung wird nur noch einer Minderheit ermöglicht und deshalb auch zugetraut. Die Mehrheit dagegen kann mit dem Fortschritt nicht Schritt halten und wird deshalb ausgegrenzt. Die Weichenstellungen erfolgen früh. Die Förderung in der Familie, die Qualität schulischer Bildung, der Zugang zu einem aussichtsreichen Ausbildungsgang oder die Verfügbarkeit eines Studienplatzes entscheiden darüber, ob der einzelne Zugang zu dem privilegierten Fünftel erhält.

Die Proportionen mögen in einzelnen Gesellschaften unterschiedlich sein. Und es gibt – auch in Europa – bemerkenswerte Versuche, dieser Entwicklung entgegenzuwirken. Aber solche Prognosen zeigen: Die Anthropologie der Ungleichheit ist kein Phänomen des 20. Jahrhunderts allein. Sie ist eine Gefahr auch des 21. Jahrhunderts.

5.

Auch die Vorstellung einer genetischen Optimierung, die uns als eine der Visionen im Rahmen neuer biotechnischer Möglichkeiten begegnet ist, fügt sich in eine Anthropologie der Ungleichheit. Sie besagt, dass es mit Hilfe der Gentechnologie möglich ist, die genetische Ausstattung des Menschen planmäßig zu verbessern. Es sind die Eltern, denen das Recht zuerkannt werden soll, über die erwünschte genetische Qualität ihrer Nachkommen zu befinden. Aus der genealogischen Abhängigkeit wird eine genetische Abhängigkeit der Kinder von ihren Eltern. Dadurch entsteht eine unaufhebbare Asymmetrie zwischen den Generationen, die mit einer Anthropologie gleicher Freiheit unvereinbar ist.

Die Ungleichheitsfolgen genetischer Optimierung werden dadurch verschärft, dass sie auf keinen Fall generelle Anwendung finden wird. Die Mehrzahl der Menschen, die auf dem Globus geboren werden, wird auch in Zukunft natürlich gezeugt werden und zur Welt kommen. Schon die Armut, in der ihre Eltern leben, wird alle anderen Vorstellungen zu einer bloßen Illusion machen. Aber auch auf den Wohlstandsinseln innerhalb der enger zusammenwachsenden Welt werden die kostspieligen Errungenschaften der Lebenswissenschaften nur einer Minderheit zu Gute kommen. Das gilt für die Möglichkeiten einer vorgeburtlichen Optimierung genauso wie für aufwendige Maßnahmen des in Zukunft vielleicht möglichen gentechnischen Organersatzes. Auch die Heilungshoffnungen, die sich an die Forschung mit menschlichen Stammzellen knüpfen, werden nicht für alle, die nach Heilung suchen, in gleicher Weise erfüllt werden. Vielmehr verbindet sich mit dem wachsenden Aufwand medizinischer Maßnahmen auch die Gefahr, dass sie nur den Zahlungskräftigeren zu Gute kommen. Auch die Krise der Versicherungssysteme weist in diese Richtung.

So zeigt sich die Gefahr am Horizont, dass die Vorstellung von einer genetischen Optimierung zu einer Spaltung der Gesellschaft in Optimierungsgewinner und Optimierungsverlierer beitragen wird – es sei denn, man nimmt von der Optimierungsvorstellung als solcher Abschied und bemüht sich stattdessen um Vorbeugen, Heilen und Lindern als den drei Grundaufgaben des ärztlichen Handelns, das nach Möglichkeit allen Menschen in gleicher Weise zu Gute kommen soll. Das aber setzt voraus, dass wir gesellschaftliches Handeln insgesamt und so auch den Umgang mit den neuen Möglichkeiten der Lebenswissenschaften nicht an einer Anthropologie der Ungleichheit, sondern an einer Anthropologie der gleichen Freiheit ausrichten.

6.

Zu den Grundthemen der Menschheitsgeschichte gehört die Frage, wie die Gleichheit der Menschen und ihre Ungleichheit sich zueinander verhalten. Solange nach Gerechtigkeit gesucht und Gerechtigkeit eingefordert wird, geht es immer um dasselbe Thema: Was heißt es, „jedem das Seine" zu geben? Wieweit ist die Ungleichheit der Menschen zu berücksichtigen, damit wirklich jeder „das Seine" empfängt?

„Jedem das Seine": Dieser Grundsatz der Gerechtigkeit konnte im 20. Jahrhundert zum Wahlspruch unvorstellbarer Grausamkeiten werden. Als eine umgangssprachliche Fassung der Forderung nach Gerechtigkeit bezeichnet er ein Problem und keineswegs dessen Lösung. Er konnte zynischerweise auch über dem Tor des Konzentrationslagers Buchenwald stehen. Und lange Zeit zierten diese Worte einen Bogen, den alle durchfahren mussten, die sich von Katutura aus, einer Siedlung für Schwarze und Farbige vor den Toren Windhoeks, den von Weißen beherrschten Teilen der namibischen Hauptstadt näherten. So wurde dieser Gerechtigkeitsgrundsatz zu einer Kurzfassung für die „Anthropologie der Ungleichheit". Sie hat in unserem Jahrhundert Völkermord und Rassendiskriminierung, die Missachtung und Vergewaltigung von Frauen und „ethnische Säuberungen" gerechtfertigt. Wohin eine „Anthropologie der Ungleichheit" führen kann, hat in unvergleichbarer Weise die Shoah vor Augen geführt.

„Suum cuique" ist eine Grundformel des römischen Rechtsdenkens. Nach der römisch-rechtlichen Definition, wie sie sich bei Ulpian oder Cicero findet, ist Gerechtigkeit als die Bereitschaft aufzufassen, „jedem das Seine zu gewähren". So plausibel dieser Grundsatz auch erscheint, so eindeutig zeigt doch die Erfahrung des 20. Jahrhunderts die Gefahren seines ideologischen Missbrauchs. Das Problem der Gerechtigkeit ist komplexer, als es in dieser schlichten Formel erscheint.

Doch was heißt Gerechtigkeit? Die griechische Philosophie, Aristoteles voran, hat unseren Sprachgebrauch geprägt und uns gelehrt, zwischen austeilender und ausgleichender Gerechtigkeit zu unterscheiden. Die zweite betrachtet alle Beteiligten als gleich, die erste anerkennt die angeborenen oder erworbenen Unterschiede zwischen den Gesellschaftsgliedern. Doch wo liegt die Grenze? Wo endet die

Gleichheit, von wann an darf Ungleichheit Berücksichtigung finden? Was bedeutet es, „jedem das Seine" zu geben? Die Tradition des griechisch-römischen Rechtsdenkens gibt auf diese Frage keine eindeutige Antwort. Sie klärt nicht, bis wohin nach Gesichtspunkten der Gleichheit zu verfahren ist und wann die empirisch vorhandene Ungleichheit unter den Menschen Berücksichtigung finden soll. So richtig die Unterscheidung zwischen austeilender und ausgleichender Gerechtigkeit ist, so hilft sie doch wenig, so lange man sich nicht darauf einigen kann, wann die eine und wann die andere angewandt werden soll.

Das Gerechtigkeitsdenken der Bibel führt in eine andere Welt. Im Blick auf die Tradition des Gerechtigkeitsdenkens in der Bibel kann man in Abwandlung eines berühmten Pauluswortes sagen: Die Gerechtigkeit kommt aus dem Hören. Sie entsteht aus einer kommunikativen Kompetenz, die sich zuerst nicht im Vorbringen der eigenen Sache, sondern im Hören auf die Anliegen anderer zeigt. Dieser Fähigkeit zum Hören entspricht die Bereitschaft zum Füreinander-Handeln. Gerechtigkeit entsteht dadurch, dass Menschen auch durch den Wandel der Zeiten hindurch füreinander eintreten. Und schließlich gehört zur Gerechtigkeit die Solidarität des Herzens, die anderen gönnt, wessen sie bedürfen. Man kann das Gerechtigkeitsverständnis, das sich aus einem solchen Ansatz ergibt, mit Jan Assmann als verknüpfende oder „konnektive" Gerechtigkeit bezeichnen.

Für das biblische Gerechtigkeitsdenken ist es kennzeichnend, dass die Verknüpfungen, in denen „konnektive Gerechtigkeit" gedacht wird, ausdrücklich auf Gott als den Geber der Gerechtigkeit zurückbezogen werden. Er wendet sich den Menschen durch seine Weisung, durch die Tora, zu. Sie ist aber der Inbegriff der Gerechtigkeit, die unter den Menschen gilt. Gottesgerechtigkeit, Tora und menschliche Gerechtigkeit gehören unlöslich zusammen.

Aus dieser unauflöslichen Verbindung aber ergibt sich das klarste und unerbittlichste Gerechtigkeitskriterium, das sich denken lässt. Es ist die Lage der Schwächsten, an der sich entscheidet, ob von Gerechtigkeit die Rede sein kann. Gleichheit ist nur verwirklicht, wenn den Schwächsten die gleiche Würde zuerkannt wird wie den Stärksten. Wieweit Ungleichheit anerkannt werden kann, bemisst sich an der Lage der Schwächsten in einer Gesellschaft. Nur wenn ihre Lage durch die Besserstellung der Stärkeren verbessert wird, lässt sich diese Besserstellung vertreten.

Im alten Israel wurde dieser Maßstab in der Form eingeschärft, dass die Lage der von Rechtlosigkeit Bedrohten – von Witwen, Waisen und Fremden vor allem – zum Maßstab für die Gerechtigkeit der Gesellschaft im Ganzen erklärt wurde. Im neutestamentlichen Gleichnis vom Weltgericht kehrt derselbe Gedanke wieder, wenn das Verhalten gegenüber den Schwachen – den Hungernden, den Fremden, den Obdachlosen, den Kranken, den Inhaftierten – zum Prüfstein dafür wird, ob der Wille Gottes das Leben eines Menschen prägt (Matthäus 25,31–46). Bis in die modernsten Gerechtigkeitstheorien wirkt sich dieser Impuls aus. Dass Einzelne in einer Gesellschaft besser gestellt werden – so argumentiert etwa der Amerikaner John Rawls –, lässt sich dann hinnehmen, wenn diese Besserstellung auch noch für die schwächsten Gesellschaftsglieder von Vorteil ist.

7.

Ein willkürlicher Gebrauch dieses Gerechtigkeitsgrundsatzes ist nur dann ausgeschlossen, wenn die gleiche Würde aller Menschen als grundlegender Maßstab einer humanen Gesellschaft anerkannt wird. Die Erfahrungen des 20. Jahrhunderts nötigen dazu, hinter den Gerechtigkeitsdiskurs zurückzugehen und sich am Gedanken der gleichen Würde aller Menschen zu orientieren. In diesem Sinn muss der Anthropologie der Ungleichheit eine Anthropologie der Gleichheit entgegengesetzt werden. Sie negiert die Ungleichheiten zwischen den Menschen nicht. Vielmehr sieht sie in der gleichen Würde aller Menschen die entscheidende Grundlage legitimer Ungleichheit. Diese legitime Ungleichheit äußert sich in der unaufhebbaren Individualität, also Unterschiedlichkeit der Menschen. Doch die gleiche Würde aller Menschen ist zugleich die entscheidende Schranke der Ungleichheit. Nur diejenigen Formen der Ungleichheit sind akzeptabel, die mit der gleichen Würde der Menschen vereinbar sind.

In der zweiten Hälfte des 20. Jahrhunderts ist der Begriff der Menschenwürde zum Schlüsselbegriff der internationalen Rechtsordnung und eines planetarischen Ethos geworden. Der entscheidende Durchbruch vollzog sich mit der Allgemeinen Erklärung der Menschenrechte vom 10. Dezember 1948. Sie verweist in ihrer Präambel auf die „Anerkennung der allen Mitgliedern der menschlichen Familie innewohnenden Würde und ihrer gleichen und unveräußerlichen Rechte" als „Grundlage der Freiheit, der Gerechtigkeit und des Friedens in der Welt". Ihr Artikel 1 geht von dem Grundsatz aus: „Alle Menschen sind frei und gleich an Würde und Rechten geboren. Sie sind mit Vernunft und Gewissen begabt und sollen einander im Geiste der Brüderlichkeit begegnen."

Es ist kein Zufall, dass der Begriff der Menschenwürde in unserem Jahrhundert zum entscheidenden Maßstab für die Legitimität politischer Herrschaft geworden ist. Denn seine Eindeutigkeit erhielt dieser Begriff zunächst aus dem Faktum seiner Negation. Aus den massiven Angriffen staatlicher Gewalt auf Leben, Freiheit und Integrität ungezählter Menschen gewann die Menschenwürde ihre Dringlichkeit. Die Leugnung der Menschenwürde machte offenkundig, dass diese Würde nur dort anerkannt wird, wo sie niemandem abgesprochen wird. Auch geistig oder körperlich Behinderten, auch Straffälligen kommt diese Würde zu; auch werdende Menschen, aber ebenso Gestorbene haben – in einer im einzelnen oft nicht leicht zu bestimmenden Weise – an dieser Würde Anteil.

Doch was ist mit dieser Würde, die allen Menschen zukommt, gemeint? Keine religiöse oder kulturelle Tradition kann ein Monopol auf die Beantwortung dieser Frage beanspruchen. Jede Tradition hat dazu das Ihre beizutragen. Die europäische Aufklärung hat den Menschen als autonomes Wesen verstanden, das kraft der Selbstgesetzgebung der Vernunft ein Zweck an sich selbst ist und sich deshalb jeglicher Instrumentalisierung entzieht. Die so verstandene Würde zeigt sich vor allem in der individuellen Freiheit jeder menschlichen Person, die deshalb gegen Übergriffe und Beeinträchtigungen geschützt werden muss.

Der christliche Glaube begreift die Würde des Menschen radikaler. Er verankert sie nicht bloß in der Selbstgesetzgebung der menschlichen Vernunft, sondern in der Gottesbeziehung des Menschen. Das kommt darin zum Ausdruck, dass der Mensch als „Bild Gottes" – als das Wesen, das Gott entspricht – verstanden wird. Radikal ist die menschliche Würde erst gedacht, wenn sie aus der Selbsttranszendenz des Menschen begründet wird. Der Mensch ist das Wesen, das in keiner vorfindlichen Gestalt seines Lebens aufgeht, sondern über alle gegebenen Bedingungen, Definitionen oder Leistungen des eigenen Lebens hinausweist. Darin ist die Würde des Menschen mit der Würde aller Geschöpfe verbunden. Denn die Schöpfung im Ganzen verweist auf den Schöpfer, dem sie sich verdankt. Der Mensch jedoch ist das Wesen, das sich diese Selbsttranszendenz bewusst machen kann. Er kann ihr entsprechen oder ihr widersprechen; er kann sich reflexiv zu ihr verhalten. Es gehört zum Besonderen menschlicher Würde, dass der Mensch sie verfehlen kann. Gleichwohl hat keine weltliche Instanz das Recht, einem Menschen seine Würde abzusprechen. Zur Menschenwürde gehört es, dass wir zwischen der Person und ihren Taten unterscheiden. Auch aus würdelosem Handeln kann nicht das Recht abgeleitet werden, einen Menschen für würdelos zu erklären. Ebenso unvereinbar ist es mit dem Begriff menschlicher Würde, wenn diese im Rahmen einer Anthropologie der Ungleichheit nur für einen Teil der Menschheit reserviert wird.

Jede Begründung der Menschenwürde ist unzureichend, die sie von menschlichen Eigenschaften oder Leistungen abhängig macht. Denn aus solchen Leistungen oder Eigenschaften kann sich stets nur eine ungleiche Würde ergeben. Radikal ist die menschliche Würde erst gedacht, wenn sie in der Gottesbeziehung des Menschen verankert ist: „Was ist der Mensch, dass du seiner gedenkst?" Diese Frage des 8. Psalms ist der Ausgangspunkt für ein radikales und konsequentes Verständnis der menschlichen Würde.

Die Antwort dieses Psalms ist erstaunlich genug: „Was ist der Mensch, dass du seiner gedenkst, und des Menschen Kind, dass du dich seiner annimmst? Du hast ihn wenig niedriger gemacht als Gott, mit Ehre und Herrlichkeit hast du ihn gekrönt. Du hast ihn zum Herrn gemacht über deiner Hände Werk, alles hast du unter seine Füße getan: Schafe und Rinder allzumal, dazu auch die wilden Tiere, die Vögel unter dem Himmel und die Fische im Meer und alles, was die Meere durchzieht." Die Herrschaftsbefugnisse, die dem Menschen hier zuerkannt werden, gründen nicht in seiner eigenen Leistung, sondern in Gottes Schöpferwillen. Sie sind deshalb auch nicht im Sinne hemmungsloser Ausbeutung, sondern in verantwortlicher Fürsorge wahrzunehmen. Dass der Mensch unantastbar ist, weil er von Gott zu seinem Bild geschaffen ist, ist der entscheidende Ausgangspunkt für eine „Anthropologie der gleichen Freiheit".

Zum Erbe des 20. Jahrhunderts gehört beides: die Schrecken einer Politik der Ungleichheit und die Neuentdeckung der gleichen Würde aller Menschen. Diese Neuentdeckung, so sahen wir, hat ihr Zentrum in der Formulierung universaler Menschenrechte. In der Allge-

meinen Erklärung der Menschenrechte von 1948 und den dazu-
gehörigen Folgedokumenten hat sie ihren wichtigsten Niederschlag
gefunden. Die Auseinandersetzung darüber ist noch keineswegs am
Ende. Vielmehr ist eine neue Debatte über die Universalität der
Menschenrechte in Gang gekommen. Heute bestreiten manche die
Universalität der Menschenrechte im Zeichen von ethischem Relati-
vismus und kulturellem Regionalismus. Sie proklamieren damit eine
Rückkehr zur „Anthropologie der Ungleichheit".

Wer dem wehren will, muss die guten Gründe dafür geltend machen, warum von menschlicher Würde erst dann die Rede ist, wenn
sie allen Menschen in gleichem Maß zuerkannt wird. Die radikale
Begründung der gleichen Würde aller Menschen darf dabei nicht
verschwiegen werden.

Es bleibt deshalb die entscheidende Aufgabe der Christen und
der Kirchen, sich für eine solche Anthropologie der gleichen Freiheit
einzusetzen und ihre Begründung in der radikal gedachten menschlichen Würde zur Geltung zu bringen. Radikal heißt im Zusammenhang unserer Thematik, jeden Menschen als Person, als Subjekt der
Freiheit anzuerkennen, und zwar ohne Ansehen seiner Leistungen,
seines geistigen oder körperlichen Vermögens, auch ohne Ansehen
seiner jeweiligen biologischen Entwicklungsstufe.

Während dieser Lektüre
ist mir die Idee
zu einem Symposion
mit interessierten Frauen
besonders Fr. Prof Wolf,
gekommen.

93

Glossar

DNS: Abkürzung für Desoxyribonucleinsäure (englisch: DNA). DNS ist der chemische Aufbau der Erbmasse, ein Riesenmolekül in jedem Zellkern (beim Menschen ist es ungefähr zwei Meter lang).

Dolly: Im Februar 1997 gab das Roslin Institute in Edinburgh, Schottland, bekannt, dass am 5. Juli 1996 ein Schaf geboren worden sei, das durch reproduktives Klonen erzeugt wurde und somit die genetische Kopie eines erwachsenen Schafes ist. Unter dem Namen Dolly erregte dieses Schaf weltweite Aufmerksamkeit.

Embryo: Uneinheitlich gebrauchter Begriff. Meist wird damit die Leibesfrucht von der Befruchtung der Eizelle bzw. von ihrer Einnistung in der Gebärmutter an bis zum Abschluß der Organogenese etwa acht Wochen danach bezeichnet.

Embryonenforschung, verbrauchende: Jede Art der Forschung an und mit Embryonen, die zur Vernichtung des Embryos führt. Dazu gehört auch die Forschung mit embryonalen Stammzellen. Um diese zu gewinnen, muss der Embryo zerstört werden.

Embryonenschutzgesetz: Das Gesetz vom 13. Dezember 1990 verbietet in der Bundesrepublik Deutschland die Forschung und Präimplantationsdiagnostik an Embryonen von der Befruchtung der Eizelle bis zur Einnistung in den Uterus. Außerdem wird jede totipotente Zelle (s. Stammzellen) rechtlich einem Embryo gleichgestellt. Nach der Einnistung der befruchteten Eizelle gelten die Bestimmungen des Strafgesetzbuchs mit dem Schutz vor vorsätzlicher Tötung und den Einschränkungen des § 218 („Abtreibungsparagraph").

Eugenik: Der Begriff (geprägt vom britischen Naturforscher Francis Galton, 1822–1911) bezeichnet alle Versuche, die Ausbreitung von bestimmten vererbbaren oder scheinbar vererbbaren Eigenschaften in der Bevölkerung zu verhindern und andere zu befördern. Die Nationalsozialisten rechtfertigten mit diesem Begriff Zwangssterilisa-

tionen und Vernichtung von sogenanntem „lebensunwerten Leben".
Heute unterscheidet man von Eugenik die genetische Beratung, z.B.
wenn in einer Familie Erbkrankheiten auftreten.

Fetus/Fötus: Bezeichnung der Leibesfrucht nach der Einnistung in
die Gebärmutter bzw. nach Abschluß der Embryonalentwicklung in
der neunten Woche nach der Befruchtung.

Gen: Einheit auf der DNA, die für eine bestimmte Eigenschaft oder
ein Merkmal steht. Meist beeinflussen mehrere Gene eine Eigenschaft oder ein Merkmal. Jeder Zellkern eines Lebewesens enthält
sämtliche Gene dieses Individuums, beim Menschen sind es rund
30 000.

Genom: Gesamtheit des genetischen Materials eines Individuums.

Gentechnik: Anwendung biologischer, molekularbiologischer, che-
mischer und physikalischer Methoden zur Analyse und Neukom-
bination des Genoms.

Implantation: Einnistung der befruchteten Eizelle in die Gebärmutterschleimhaut; oft ist die Einpflanzung nach erfolgter künstlicher
Befruchtung gemeint.

In-vitro-Fertilisation: In vitro (lat.) steht für „im (Reagenz)Glas" (bzw.
in der Petri-Schale). Gemeint ist die (künstliche) Befruchtung einer
Eizelle mit einem Spermium außerhalb des Körpers. Dagegen meint
„in vivo" (am lebenden Körper) in diesem Zusammenhang die
Befruchtung in der Gebärmutter.

Klonen, reproduktives: Die Herstellung mehrerer genetisch identischer
Zellen oder Organismen aus einer Zelle oder einem Organismus.
Das Klonschaf Dolly wurde z.B. aus einer Euterzelle eines ausge-
wachsenen Schafes als genetisch identische Kopie – als Klon – her-
gestellt.

Klonen, therapeutisches: Entfernung des Zellkerns aus einer Eizelle, die
dann mit dem Erbmaterial einer Körperzelle versetzt wird. Hierbei

entsteht eine Zelle, die sich wie ein Embryo entwickeln kann. Aus diesem Embryo können Stammzellen gewonnen werden.

Nidation: Einnistung der befruchteten Eizelle in die Gebärmutterschleimhaut.

Präembryonen: Nach englischem Sprachgebrauch Embryonen bis zum vierzehnten Tag nach der Befruchtung; im Deutschen wird der Begriff überwiegend für das Vorkernstadium gebraucht.

Präimplantationsdiagnostik (PID): Nach der Befruchtung der Eizelle außerhalb des Körpers der Mutter wird der Embryo auf veränderte Gene, die Krankheiten auslösen könnten, getestet. Ziel ist es, nur diejenigen Embryonen der Mutter einzupflanzen, die voraussichtlich keine der Krankheiten entwickeln werden, auf die hin getestet wurde.

Pränataldiagnostik: Medizinische Untersuchungen, die während der Schwangerschaft durchgeführt werden können, um eine mögliche Schädigung oder Erkrankung des Kindes zu erkennen (etwa Ultraschall- oder Fruchtwasseruntersuchungen).

Stammzellen: Zellen, die sich unbegrenzt vermehren können. Aus totipotenten Stammzellen kann ein ganzer Organismus entstehen. Pluripotente Stammzellen können sämtliche Zelltypen des Körpers bilden. Aus multipotenten Stammzellen können sich nur bestimmte Zelltypen des Körpers bilden. Adulte Stammzellen sind Stammzellen, die dem erwachsenen Menschen entnommen werden. Daneben haben Stammzellen aus dem Nabelschnurblut von Neugeborenen besondere Bedeutung.

Stammzelllinien: Aus Stammzellen etablierte Zellkulturen.

Vorkernstadium (Pronucleus-Stadium): Stadium der Befruchtung, in dem aus dem Kern der Eizelle der weibliche Vorkern und aus dem Kern der Samenzelle der männliche Vorkern geworden ist, beide Vorkerne aber noch nicht miteinander verschmolzen sind.